El nuevo espíritu del mundo

El nuevo espíritu del mundo

Política y geopolítica en la era Trump

ESTEBAN HERNÁNDEZ

EDICIONES DEUSTO

Deusto es un sello editorial de Centro de Libros PAPF, SLU.
Av. Diagonal, 662-664
08034 Barcelona
www.planetadelibros.com

Diseño de colección: Sylvia Sans Bassat

Primera edición: mayo de 2025
Depósito legal: B. 6.874-2025
ISBN: 978-84-234-3803-7
Composición: Realización Planeta
Impresión y encuadernación: Gómez Aparicio Grupo Gráfico
Printed in Spain - Impreso en España

PEFC Certificado
Este libro procede de bosques gestionados de forma sostenible
PEFC
PEFC/14-38-00305
www.pefc.es

Sumario

Introducción

Dostoievski entendió claramente lo que Hegel afirmaba en sus *Lecciones sobre filosofía de la historia universal*, y no pudo más que echarse a llorar.[1] El escritor ruso había sido detenido por defender ideas subversivas, que llegaban desde la lejana Europa, durante el gobierno del zar Nicolás I. Sufrió un simulacro de fusilamiento, se le desterró a un campo de trabajo en Siberia y más tarde fue destinado como soldado raso a un pequeño y remoto pueblo. En las noches de esa región desamparada, leía textos prestados que le mantenían en contacto con el pensamiento de su época. Uno de ellos fue el de Hegel, en el que se afirmaba que Siberia era un lugar ignoto al que la historia nunca llegaría: allí no había salvación posible.

Dostoievski también descubrió entonces que la historia sólo revela su esencia a aquellos a quienes previamente ha excluido y que desde las periferias invisibles era mucho más factible comprender los vaivenes de la historia que desde los núcleos de la misma. Esto ha resultado especialmente cierto en lo que se refiere a la aportación intelectual de Occidente en los dos últimos siglos, que debe mucho a los que estaban lejos del poder, a aque-

1. Fóldenyi, Laszlo, *Dostoievski lee a Hegel en Siberia y se echa a llorar*, Galaxia Gutenberg, 2006.

llos desterrados y exiliados interiores que fueron capaces de agarrar a la historia por las solapas y hacerla confesar.

Quizá alguien esté leyendo ahora a Hegel en Europa ahogado en lágrimas, pero es poco probable. Las ideas que dominan la época occidental no provienen de filósofos o de intelectuales, sino de inversores tecnológicos, economistas de evidencias incuestionables, expertos de *think tanks* anonadados por los cambios, políticos altivos y asustados y financieros cuyo estado de ánimo oscila entre la euforia y el temor. También es poco probable que alguien abra ya un libro de filosofía, salvo para utilizarla como poesía; el amor por el conocimiento se ha convertido en amor por la abstracción pretenciosa. Sin embargo, éste es el momento idóneo para reflexionar sobre la historia, justo cuando parece abandonarnos.

Nos hemos pasado muchos años, décadas, viviendo una mentira confortable. Europa era el espejo en el que el mundo debía reflejarse. Teníamos lo mejor del capitalismo: entornos de sofisticación y lujo, una elevada protección social, bellos ideales, hermosos monumentos y una vida pacífica. Eran los tiempos de la globalización feliz, un sueño que enunció Estados Unidos en voz alta, y que sólo creyó de verdad Alemania (que es muy de creer de manera firme; en lo que sea, pero firmemente) y, por extensión, la Unión Europea. Íbamos a comerciar en paz especializándonos en productos con alto valor añadido, mientras los países en desarrollo se encargarían del trabajo sucio y Estados Unidos organizaría y vigilaría el nuevo mundo. Para España quedaban el sol, la playa y el ladrillo, pero estábamos integrados en el orden ganador y formábamos parte de la región que alumbraba los valores correctos.

Era un mundo lleno de certezas, por lo que las preguntas resultaban inconvenientes. Ahora, cuando han llegado todas de golpe, tampoco se contestan, porque estamos inundados por el sentido de la urgencia. Ya que la ruptura del orden global está dejando paso a los autoritarismos, al gobierno a través de la fuerza y a los valores reaccionarios, no es el tiempo de formular interrogantes, sino de actuar. Pero quizá sea el instante perfecto para dar un paso atrás, escudriñar en los libros (de filosofía, de sociología, de historia) y comenzar a analizar los porqués de esta reorientación mundial.

Hay muchas preguntas por hacer, pero cuesta siquiera enunciarlas. Éste es un momento complicado para buscar el conocimiento, porque en el debate público las máquinas de propaganda funcionan a pleno pulmón, tanto las que intentan desinformar como las que afirman luchar contra la desinformación. No sólo se trata de que se pongan en juego habituales manipulaciones y tergiversaciones, sino de que la estrategia de desautorizar al emisor se ha convertido en dominante. La conversación pública no tiene lugar mediante los argumentos, sino a través de las descalificaciones. En segunda instancia, ésta es una época que, precisamente por estar construida a partir de una tensión elevada entre élites y entre países, produce muchos análisis moralistas, que se resuelven en la utilización continua de adjetivos calificativos o en la formulación de pronósticos (X es autoritario, a Estados Unidos le va a ir muy bien o muy mal, etc.), pero que produce muy poco conocimiento. El presente texto trata de huir de esas trampas y, en consecuencia, no aporta lecturas morales. Incluso en aquellos casos en que expresamente se califican como positivos o negativos hechos, decisiones o estrategias, los juicios de valor están siempre referidos a su utilidad y a su encaje sistémicos. Si se asegura que la desindustrialización fue un error para España y para Occidente, es por la vulnerabilidad que la ausencia de un sector productivo fuerte supone para los Estados (o para una unión de ellos); si se califica la falta de cohesión social como un problema crucial, es porque implica desequilibrios políticos, inestabilidad y ausencia de un proyecto común. Por supuesto, aspectos como éstos pueden abordarse desde consideraciones éticas o de justicia, y es conveniente que así sea, pero son conclusiones que trato de dejar al lector.

Y si es complicado formular preguntas, más lo es responderlas. En un tiempo de cambios acelerados, resulta muy difícil aprehender lo que ocurre. El presente, por el hecho de serlo, oscurece la perspectiva; parece que sólo es posible narrar las épocas históricas una vez que han terminado. Es una dificultad que mi trabajo cotidiano como periodista me obliga a afrontar, porque hoy no basta con describir lo que sucede. La realidad cotidiana es avasalladora, ya que acontecen muchas cosas a la vez, de modo que los hechos nos aturden, se muestran contradictorios o nos resultan del todo incomprensibles. Muy a menudo, la parte no nos permite ver el todo. Sin embargo, en épocas como ésta es cuando más necesario resulta teorizar al tiempo mismo que se narra. Es cuando más necesitamos hilos de los que tirar y análisis que clarifiquen nuestra mirada: es cuando más imprescindible resulta buscar el conocimiento.

A menudo, para evitar el esfuerzo que supone entender las cosas en lugar de calificarlas, optamos por las respuestas fáciles. Uno de los aspectos más relevantes de la política contemporánea es el crecimiento electoral de las opciones vinculadas con la derecha populista y extrema. Es cómodo señalar que gente descontenta es engañada por la desinformación o que varones de masculinidad frágil se ven tentados por figuras fuertes; otros prefieren conformarse con explicar el fenómeno como el regreso del sentido común frente a los excesos progresistas. Ninguna de esas contestaciones aparece en el texto, porque los cambios políticos son mucho más profundos de los que pueden derivarse de razonamientos de esa clase. Las transformaciones geográficas, con la preeminencia de las grandes urbes sobre las ciudades pequeñas e intermedias, los cambios demográficos y la aparición de una economía desigual han generado alteraciones sociales que han modificado, y no podía ser de otra manera, las preferencias electorales.

En el plano ideológico, el cambio más relevante ha sido la inversión de posiciones: las derechas representan hoy la contestación al sistema. Los progresistas defienden el *statu quo* precedente, el que abogaba por las interconexiones globales, las instituciones internacionales y la profundización en las libertades, mientras que la posición insurgente la desempeñan nuevos partidos del espectro derecho. No es una sorpresa: desde los años sesenta y ochenta, los cambios en el sistema han sido instigados por este tipo de opciones políticas, cuya línea evolutiva va desde Reagan hasta Trump pasando por George Bush; cada uno de esos presidentes ha supuesto un salto adelante sistémico. La conversión de los conservadores en disruptores tiene consecuencias serias en el terreno electoral, máxime cuando la inestabilidad política generalizada de Occidente proviene del descontento latente de los votantes respecto del funcionamiento institucional.

Entender por qué se ha producido esa inversión y cuáles son las condiciones que la han hecho posible requiere del análisis de la historia reciente de Estados Unidos, de la evolución de sus posiciones ideológicas y geopolíticas y, sobre todo, de la radiografía de la mentalidad estadounidense. Las acciones de la administración Trump están enraizadas en una tradición, que ha ido desarrollándose y matizándose a lo largo de décadas. El recorrido histórico que se refleja en los capítulos 4 y 5 no es, por tanto, un mero recuento de hechos ni tampoco un intento de comparar este tiempo con otros que ofrezcan analogías útiles. Está animado por el propósito de entender las constantes de un sistema, sus características y sus líneas de continuidad, en la convicción de que eso es lo que, finalmente, otorga perspectiva al presente y permite intuir los caminos de futuro.

Las transformaciones en el orden internacional tampoco pueden comprenderse sin mirar hacia Estados Unidos. Éste es un tiempo de competición entre potencias, en el que la dominante se ve amenazada por la emergente, y eso siempre ha traído tensiones a gran escala. Como parte de su reacción, Washington ha decidido alterar radicalmente la relación con sus aliados tradicionales, a los que quiere supeditar aún más a su órbita. Quiere ganar poder estableciendo un nuevo reparto del que los viejos socios salen dañados, ya que el propósito es que los europeos sufraguen la mejora en el nivel de los ciudadanos estadounidenses y el incremento de beneficios de sus empresas. La Unión Europea ha quedado golpeada por esta intención, a pesar de los distintos avisos, y vive momentos de desorientación.

El futuro del continente aparece analizado en el texto, pero no sólo desde la mirada prospectiva, sino desde las necesidades que los países europeos deben cubrir para jugar un nuevo papel. En este sentido, cabe subrayar que la guerra en la que ya estamos inmersos es, en primer lugar, económica; que tiene que ver con las capacidades productivas, energéticas y tecnológicas; y que está anclada en los elementos de poder típicos de los Estados. Recomponer esas partes para disponer de una voz real será necesario, tanto en cada país europeo como en el conjunto de ellos. Si los cambios se limitan a incrementar el presupuesto de Defensa, habremos puesto una piedra más en una barca que tiene abiertas vías de agua.

Detrás de los cambios históricos, de las palabras que resuenan y de los grandes planes está el ciudadano común. Quizá la historia se enuncie en salones majestuosos, pero se ejecuta en las vidas cotidianas de millones y millones de personas. El problema con la globalización fue que empobreció a las clases medias y trabajadoras occidentales, que cargaron con el peso de sus efectos negativos. Un giro en los acontecimientos que vaya en la misma dirección será un problema mayúsculo. Se puede hacer política contra los pueblos y que salga bien, pero no todo el tiempo. De manera que la pregunta sobre el porqué hemos salido perdiendo es demasiado importante para evitarla, en especial porque la ausencia de cohesión social está en el centro de las dificultades occidentales. A menudo, los desequilibrios son descritos como consecuencias inconvenientes, pero no como un ámbito prioritario de acción. El texto trata de demostrar que, al contrario de lo que refleja el pensamiento estándar, de la cohesión social depende el futuro de nuestros países y el de los mismos valores occidentales.

Con la llegada de Trump, que ha puesto las cartas sobre la mesa, nos encontramos con la paradoja de que Siberia, ese lugar ignoto, forma parte del continente que está dibujando las nuevas líneas de la historia, Asia, y que es el nuestro el que pierde relevancia. Nos dijeron que estábamos ante el fin de la historia, lo que no nos contaron es que quizá fuese el final de Europa como parte relevante de la misma. Hubo muchas advertencias, a las que se hizo caso omiso, porque las élites de los países continentales seguían recogiendo beneficios del *statu quo* vigente y mejorando su tarjeta en los campos de golf. Estaban demasiado atareadas sintiéndose superiores al resto del mundo como para tomarse en serio las señales de la decadencia.

Es cierto que Europa ha traído al mundo un ejemplo que debería conservarse, el que tejió un régimen de gobierno excepcional en la historia, ese que comenzó a apagarse en los años ochenta. Debería perdurar e inspirar a ideologías futuras. Pero también ha mostrado cómo la irrelevancia de las clases gestoras puede convertir algo sólido y beneficioso en un cuento lleno de moralismo y fantasías.

En este nuevo escenario, escribir desde España es hacerlo con tinta que se borrará poco después de trazar las letras sobre el papel. Pero tiene sus ventajas: es más sencillo atisbar, desde el sur de Europa, la parte perdedora del continente en decadencia, el latido de esa historia en la que estamos dejando de participar.

1

La estupefacción

El día que se celebraron las elecciones estadounidenses, los principales diarios, casi todos favorables a los demócratas, abrían sus ediciones con artículos dedicados a los estados de ánimo[2] en los que se alababa la energía positiva y el optimismo con que los partidarios de Kamala Harris encaraban los comicios. *The New York Times* incluso publicaba un texto[3] en el que se analizaban las auras que desprendían ambos partidos: el color esperanza brillaba entre los demócratas y el de la indignación entre los republicanos. Por lo demás, los textos incidían en los mensajes repetidos en las semanas anteriores: las mentiras continuas de Trump,[4] la posibilidad de que sus seguidores intentasen rebelarse contra los resultados si no lograban la victoria o la inminencia de un régimen autoritario. Todos ellos transmitían la convicción, cargada de fe, de que la gente apostaría por la democracia en lugar de por un hombre extravagante y abusivo.

2. <https://www.nytimes.com/2024/11/04/us/politics/harris-trump-pennsylvania-campaign.html>.

3. <https://www.nytimes.com/2024/11/04/opinion/democrat-republican-election-vibes.html>.

4. <https://www.theatlantic.com/politics/archive/2024/11/trump-campaign-cruelty/680498/>.

Estaban convencidos de que había muchas realidades que estaban pasando bajo el radar, como el papel determinante que tendrían las mujeres en la votación: incluso las esposas de los republicanos apostarían por Harris, aunque sin reconocerlo abiertamente para no enfadar a sus maridos MAGA.

Las noticias internacionales de ese día también hablaban de las posibles interferencias rusas en los comicios,[5] de la crisis alemana a partir de un modelo económico y energético roto,[6] o de un Israel que pretendía remodelar Oriente Medio por completo.[7] Al otro lado del Pacífico, el artículo más leído en el diario oficialista chino describía las características del avión de combate ruso Su-57,[8] que había visitado China y se esperaba que participase con el ejército de Pekín en una exhibición aérea.

Todo eso estaba sucediendo a la vez, y todo se ventilaba en las elecciones de Estados Unidos. Por más que se pusiera el acento en las características personales del presidente y se insistiera en la pulsión autoritaria que había penetrado entre las poblaciones menos formadas, lo cierto es que el líder republicano no era una anomalía, sino el producto de una época. Estados Unidos estaba sujeto a tensiones nacionales e internacionales y debía responder a ellas. Trump fue el líder político que más énfasis puso en la urgencia de una reacción y eso le llevó a la Casa Blanca. Había un deseo de cambio en la población estadounidense, en buena medida porque la mayoría del país creía que la fórmula con la que se había gobernado en las últimas décadas estaba agotada y entendía que era preciso un giro para arreglar los desperfectos. También lo creía una parte de sus élites: la pérdida de poder que Estados Unidos estaba sufriendo en el contexto internacional requería soluciones mucho más contundentes.

5. <https://www.nytimes.com/2024/11/04/us/politics/election-threats-russia.html>.

6. <https://www.ft.com/content/6c345cf9-8493-4429-baa4-2128abdd0337>.

7. <https://www.ft.com/content/9af7a433-db1a-4c19-a0fb-d587ffec8f99>.

8. <https://www.globaltimes.cn/page/202411/1322379.shtml>.

El triunfo de Trump en noviembre de 2024 no era difícil de vaticinar si, además del contexto, se tenían en cuenta las señales de las semanas previas a las elecciones. La elevada inflación había minado las posibilidades de los demócratas, que eran, al fin y al cabo, el partido que gobernaba. Los grupos de discusión, que en épocas inciertas ofrecen indicios más relevantes que las encuestas, subrayaban no sólo que los estadounidenses demandaban un giro en las políticas, sino que quien mejor encarnaba el cambio era Trump. Y, al mismo tiempo, las encuestas señalaban al líder republicano como el más capacitado para gestionar los asuntos que más preocupaban a su población. Eran tres elementos decisivos, ya que quien aventaja a su contrincante en al menos dos de ellos suele resultar vencedor.

A pesar de todos los indicios, la elección de Trump fue un *shock* para el Partido Demócrata (y para el *establishment* europeo) del que todavía no se ha recuperado. Hasta entonces, lo habitual era que el ámbito progresista se desenvolviera en un entorno reconfortante: sus adversarios se apoyaban en las noticias falsas y en la desinformación y sus votantes eran nacionalistas reaccionarios, a menudo personas no formadas y enfadadas que daban rienda suelta a su emocionalidad. La nueva victoria de los republicanos no sólo desbarató esa sensación de superioridad, sino que desarticuló por completo los argumentos y las creencias que habían utilizado política y electoralmente.

El *shock* demócrata

Más allá de las ideas concretas que pusieron en juego, los demócratas estructuraron su campaña a partir de una amenaza que había sido utilizada profusamente años antes. Las derivas políticas causadas por las sucesivas crisis (la de 2008 y su recuperación desigual, la provocada por el covid, la guerra y la perturbación de las cadenas de suministro) habían disparado la aceptación de fuerzas políticas peligrosas. Los populistas se estaban imponiendo y promovían liderazgos desafiantes y una visión perturbadora sobre la democracia. Frente a ese crecimiento de las formaciones autoritarias, era imprescindible movilizar a la sociedad para conservar las instituciones y las libertades.

Situar a la derecha autoritaria como el enemigo permitía, o así lo creyeron los demócratas, establecer un frente sistémico que reuniera votantes que provenían de tradiciones políticas diferentes. Dado que enfrente estaba Trump, podrían agrupar los votos de la izquierda (por el mal menor), los de las minorías (para combatir el racismo) y los de las mujeres (para evitar el machismo y la prohibición del aborto). Además, esperaban conseguir votantes republicanos moderados, asustados por el giro de su partido, y el apoyo de Liz Cheney o de Schwarzenegger debía servir para ese objetivo. Dibujaron un frente amplio sin llamarlo así, y movilizaron desde figuras de la izquierda, como Sanders u Ocasio-Cortez, hasta personajes populares, como Taylor Swift, Bad Bunny o Bruce Springsteen.

La amenaza del autoritarismo también favorecía una alianza entre distintas fuerzas sociales. El equipo de Harris, como el del resto de los partidos progresistas occidentales, pertenecía a las clases formadas urbanas, cuya mentalidad estaba forjada por consultores, economistas, expertos en ciencias sociales cuantitativas y asesores de imagen. Era sencillo que su visión conectase fácilmente con entornos urbanos que hablaban el mismo lenguaje. Pero sólo con ellos no se ganaban unas elecciones: era preciso atraer a otras clases sociales. Y, para ese propósito, debían solucionar un problema serio. Los trabajadores sindicalizados y las clases medias en declive, que apostaron tradicionalmente por los demócratas, se estaban alejando de su partido de referencia. La idea de una coalición, forjada por las minorías raciales, por las mujeres y por los jóvenes se abrió paso como la nueva base social demócrata. Los intereses de esos grupos diferían, pero encontraban puntos de conexión en un ideario de reivindicación de derechos, justo a los que Trump y las derechas emergentes se oponían. Los asesores de Harris insistieron en esa apuesta desde la convicción en que, por cada votante de clase trabajadora que perdieran, lograrían dos en los suburbios de las grandes ciudades. Además, las generaciones jóvenes, especialmente favorables al progreso, aportarían una fuerza extra.

La coalición electoral y la coalición social, como núcleo del bloque que luchaba contra las tendencias dictatoriales, mostraron sus enormes debilidades en las elecciones estadounidenses, que no fueron más que un espejo de lo que estaba ocurriendo en Occidente. Ese doble centro, en el que se asentaban los progresistas, estaba en proceso de disolución. La conformación de la lucha política a partir del eje democracia / autoritarismo fue útil durante una época, en primera instancia para combatir a los populismos de izquierda y más tarde para establecer un cortafuegos a las nuevas derechas. No fue suficiente, ya que muchos de los nuevos partidos se convirtieron en fuerzas importantes, cuando no decisivas, en sus países, y formaron parte de las coaliciones de gobierno, cuando no acabaron dirigiéndolos. Además, la ausencia de un éxito rotundo del bloque democrático causaba una erosión continua en el sistema político: en Francia, el cortafuegos a Le Pen funcionó en las presidenciales y en las legislativas, pero con el precio de convertir el país en ingobernable; En España, el frente amplio fue fundamental para que Sánchez repitiera como presidente, pero ha abocado a la inestabilidad parlamentaria permanente.

Las elecciones de noviembre de 2024 no sólo mostraron la escasa eficacia del eje democracia / autoritarismo, sino que subrayaron de manera dolorosa que los progresistas ni siquiera lograban detener el avance de las fuerzas rivales asumiendo parte de sus ideas. Harris, en un intento de atraer a los republicanos moderados, frenó en seco todo el impulso ligado a la transición verde y se declaró partidaria del *fracking*; borró de la memoria aquella desfinanciación de la policía que apareció en los grupos activistas en años anteriores; las medidas que promovió para ganar voto entre los varones afroamericanos estaban construidas desde el aliento neoliberal, como el respaldo a las criptomonedas; su postura sobre la inmigración también giró sustancialmente y se declaró partidaria de un control mucho más firme. Pero tampoco acercándose al programa ajeno logró que el frente amplio funcionara. Necesitaban algo mucho más potente que señalar a Trump como una gran amenaza para la democracia, revestir sus proclamas de entusiasmo y optimismo y robar algunos votos a los republicanos.

Por supuesto, el triunfo de Trump fue también producto de una coyuntura, particularmente ligada a una inflación elevada que había deteriorado a las clases medias y a las trabajadoras, al énfasis en asuntos como la inmigración y el proteccionismo, que sonaban relevantes para los estadounidenses, y al desgaste que habían sufrido los demócratas en su gobierno, además de a su mala elección de candidatos. Pero sería un error quedarse únicamente en lo puntual. Trump recogió varios aspectos presentes en la política occidental que subrayan que el juego tiene nuevas reglas: el sentimiento anti *statu quo*, el deseo de cambio, el malestar hacia los gobiernos y una rearticulación de la política a partir de la variable geográfica, y todo ello envuelto en una crisis de hegemonía estadounidense. Hay una nueva política que surge a partir de estos elementos, frente a la que una coalición amplia sonaba débil, porque funcionaba con las ideas del pasado.

El derrame nacional

La aparición de un eje electoral diferente es parte de esos cambios. El tradicional, izquierda / derecha, o progresismo / conservadurismo, quedó relegado a un segundo lugar en las elecciones estadounidenses. Una buena prueba es el mismo hecho de que los demócratas, en lugar de poner énfasis en su ideario (energía verde, combate contra el cambio climático, defensa de las sociedades multiculturales, lucha contra las opresiones derivadas del machismo, el racismo y la xenofobia), viraron hacia una posición más abstracta, la de la defensa de la democracia. Los conservadores optaron por otra propuesta. Trump insistió en el *Make America Great Again* como solución a un momento poco favorable para su nación, tanto en términos internos como en política internacional. Había que fortalecer un país deteriorado. Era preciso recuperar muchas de las cosas que se habían perdido, comenzando por los trabajos mejor pagados del sector industrial; se debía reactivar el músculo energético y militar, reorientar decididamente el rumbo de la economía y ganar fuerza en el contexto internacional. Los republicanos utilizaron los mensajes habituales de la derecha respecto de la corrosión de las costumbres causada por unos progresistas que habían caído en el exceso, así como la necesidad de rebajar impuestos y de recortar gastos, pero lo complementaron con un impulso proteccionista fuerte, con el freno decidido a la inmigración, con la lucha contra la delincuencia y con una llamada al orden al resto de los países: China se había aprovechado de Estados Unidos, pero también los socios europeos. Era el momento de cambiar el paso o América viviría un declive aún más profundo.

Trump optó por hacer del eje nacional / global el centro de su campaña, ya que las políticas mundialistas habían debilitado a la nación. Utilizó un enérgico discurso anti *statu quo*, con el que combatía las creencias dominantes en los tiempos recientes: el neoliberalismo se había acabado, el orden basado en reglas debía dejar paso a una reformulación que favoreciese a Estados Unidos y había que poner punto final a la externalización de las capacidades del país.

Lo relevante de este mensaje latía en la unión implícita entre el destino personal y el del país: recuperar la fuerza de la nación traería también la mejora en el nivel de vida de sus ciudadanos. Ésa fue la promesa con la que atrajo a las clases perdedoras. Los conservadores cambiaron el mensaje: en lugar de su habitual economía del derrame (según la cual si les iba bien a quienes más dinero tenían, le iría bien al conjunto, ya que los beneficios obtenidos acabarían permeando en el resto de la sociedad) optaron por el *derrame* en términos nacionales. Si Estados Unidos recuperaba su fuerza, sus ciudadanos contarían con muchos más recursos en sus economías privadas.

Esta idea necesitaba de una condición de posibilidad. En el fondo, todo se resolvía a partir de una línea divisoria: si la mayoría de los ciudadanos confiaba en el sistema y creía en la continuidad del mismo, la apuesta demócrata sería la ganadora. Si, por el contrario, existía una sensación de que las cosas no funcionaban, de que el declive estaba presente y el futuro aparecía demasiado dudoso, Trump tendría mucha ventaja. La visión republicana encajó mejor con el sentir de los votantes.

El deseo de eficacia

Hay distintos factores que ayudan a que la decadencia sea percibida de un modo más intenso. Las poblaciones occidentales, desde el inicio del siglo, han vivido turbulencias que no han terminado de asimilar. Por más que la macroeconomía, las grandes y frías cifras, pueda arrojar saldos positivos, las economías privadas no han tenido tanta suerte, ya que las recesiones las han debilitado de manera acumulativa. Las clases medias y trabajadoras occidentales han visto cómo menguaban los recursos de los que disponían y cómo los bienes necesarios para su reproducción (vivienda, energía, alimentos, sanidad, educación) han incrementado sus costes; les han dejado mucho menos disponible, ya sea para el ahorro, para ese pequeño extra[9] que permite mantener la ficción de un nivel de vida cómodo, o para llegar a final de mes.

Al mismo tiempo, y ligada a este factor, se ha generado una pérdida de confianza sustancial en las instituciones y en las personas que ejercen tareas de representación o de gestión. Ha afectado en primer lugar a los políticos (y al conjunto de la política), pero también al Estado, cada vez percibido como más ineficiente. De algún modo, la red institucional pensada para mantener la estabilidad y soportar las bases de la vida cotidiana ha pasado a ser descrita más como un problema que como una ayuda. Además, los cuerpos expertos, el anclaje de esa red, suelen ser observados por un segmento creciente de la población desde la suspicacia y el recelo. Son puestos en cuestión muy a menudo, a veces porque se les considera parte interesada mucho más que una instancia objetiva, a veces porque se les niega un conocimiento real. La unión de todas estas desconfianzas es relevante en un mundo secularizado, ya que la mezcla de instituciones y ciencia y técnica había conformado los espacios de mayor influencia social. Esto es relevante cuando ya quedan pocas cosas colectivas en las que creer: en un mundo en el que la religión tiene menos

9. Fourquet, Jérôme, y Cassely, Jean-Laurent, *La France sous nos yeux: Economie, paysages, nouveaux modes de vie*, Seuil, 2021.

presencia y en el que las utopías políticas ya no están operativas, si las estructuras comunes tampoco ofrecen seguridad, se genera un espacio vacío que es ocupado por todo tipo de preferencias particulares, desde el deseo material egoísta hasta las lecturas más conspiranoicas.

En ese contexto individualista, la frecuente elección de los políticos como uno de los principales problemas de la sociedad no hace más que reflejar el descontento generalizado con las instituciones. Con una derivada, el desprestigio creciente del Estado. En primera instancia, los tiempos de dificultades económicas suelen provocar una mayor necesidad de refugio y protección. Las demandas al Estado aumentan, y éste posee menos recursos para hacerlas frente, lo que genera insatisfacción. Al mismo tiempo, la idea de que las estructuras comunes suelen ser utilizadas por el poder (el político, pero también el económico) para enriquecerse en lugar de promover el bien común se convierte en habitual. Y ha emergido un sentimiento palpable de hartazgo, ligado a la regulación excesiva, a la cantidad de impuestos que se pagan o al mal desempeño de lo público, que hace creer a capas amplias de la población que el sistema no funciona, o que lo hace de manera deficiente.

Esta pérdida de confianza promueve una percepción negativa del futuro. Cuando el presente está atravesado por la incertidumbre, se hace más difícil pensar de manera optimista en el porvenir. Esto es dañino para la política, en especial para la de izquierdas, en la medida en que la línea de continuidad que hace creer en un progreso contante queda rota. En Estados Unidos, la visión del sueño americano como algo perteneciente al pasado, y difícilmente realizable ya, abre las puertas a un contexto completamente distinto. Pero lo que se ha quebrado es todavía más profundo, porque la idea de que el trabajo y esfuerzo permitirían a cualquier ciudadano disponer de los recursos necesarios para una vida razonablemente confortable ya no forma parte del imaginario común. La convicción de que al final de la vida laboral se dispondría de una mejor situación material que en las etapas intermedias tampoco es creída como pauta general. Son factores que modifican profundamente el terreno de juego electoral, porque rompen esa línea ascendente en la que el sistema basaba, en última instancia, su legitimidad, y que permiten que opciones políticas emergentes tengan su momento.

No obstante, lo peculiar de nuestra época no es la creencia en un declive constatable e inevitable. Ni la fe en el progreso ni el pesimismo existencial son dominantes; la desconfianza convive con la urgencia por encontrar una salida. Ni el deterioro se percibe como definitivo, ni se ha abandonado por completo la esperanza en las instituciones: es un instante de indecisión. Esa paradoja provoca que convivan tendencias contradictorias. Por una parte, se ha producido una llamativa repolitización, porque las discusiones se vuelven muy tensas, en las conversaciones privadas y en el espacio público, en medios de comunicación y en las redes. Pero al mismo tiempo que el volumen se eleva, cada vez más gente se aleja de esos entornos polarizados. Mientras algunos sectores, en general clases medias y medias altas, tienen una relación habitual con las noticias políticas, se interesan y opinan sobre ellas, un segmento significativo de la sociedad se desvincula de los asuntos públicos, se vuelca sobre sus proyectos privados y se refugia en el entorno cercano, interesándose únicamente por sus trayectorias y las del círculo íntimo. Esa doble condición, la de una politización intensa y la de un alejamiento de lo político y de lo común, convive en nuestra sociedad cada vez con más nitidez. El resultado final es la ruptura en tres capas: una parte pequeña de la sociedad se politiza aún más, otra toma distancia y únicamente presta atención en periodos electorales y otra se aleja por completo y ni siquiera acude a las urnas.

En ese contexto mezclado, aumenta la descreencia en el sistema, pero no desde posiciones ontológicas, ya que existe todavía un acuerdo amplio acerca de la necesidad de la democracia y de la conservación de las libertades. En Occidente no hay facciones que aboguen expresamente por modelos dictatoriales de Estado, sino que todos afirman defender una mejor versión de la democracia; los cambios que se prometen se dirigen a poblaciones que desean, ante todo, que las estructuras existentes funcionen mejor. La demanda de eficacia ocupa un lugar prioritario.

En consonancia, el movimiento político principal de los últimos años, esté o no representado por las organizaciones políticas, aspira únicamente a preservar el estatus social y cultural de una mayoría que dio en llamarse clase media occidental. No es un movimiento que, como los de siglos XIX y XX, conforme una lucha por la adquisición de nuevos derechos, sino que contiene un componente claramente conservador, en el sentido de que quiere preservar un nivel de vida y una estabilidad que se perciben claramente en riesgo, con sus correspondientes derivadas culturales.[10] Muchas de las revueltas de los últimos años surgieron para conservar condiciones de vida y fueron instigadas por personas que afirmaban no querer perder más. Eran llamadas al rescate, no proclamas revolucionarias.

Sobre estas tres contradicciones opera la política contemporánea: una sociedad muy politizada y muy alejada de sus dirigentes al mismo tiempo, una contestación creciente al sistema y a su percibida ineficacia, y una población que, a la vez que demanda cambios profundos, se manifiesta conservadora. Sus consecuencias son relevantes en el terreno práctico, y las dos principales son el dominio del eje geográfico en lo electoral y el surgimiento de una nueva clase de dirigentes.

Los líderes de última instancia

Cuando los sistemas democráticos entran en fase de deterioro, suelen aparecer soluciones de urgencia, con las que se intenta restablecer la estabilidad. Durante el siglo XIX, y en buena parte del XX, los momentos límite eran gestionados por los militares. Incluso en Europa, tras la Segunda Guerra Mundial, países como Portugal, España o Grecia vivieron dictaduras encabezadas por miembros del ejército.

Esos tiempos parecen haber pasado, pero las figuras de excepción, el recurso de última instancia, no han desaparecido. Duran-

10. Guilluy, Christophe, *Les dépossédés: L'instinct de survie des classes populaires*, Flammarion, 2022.

te años, el gobierno de los expertos, esto es, de los tecnócratas, ha gozado de prestigio como cortafuegos de los excesos políticos: el nombramiento de ministros con ese perfil, en especial en economía, ha sido un requisito prácticamente necesario. Y cuando la política estaba demasiado débil a causa de unas configuraciones parlamentarias que no permitían mayorías, ha sido esa clase de especialistas, como ocurrió con Mario Draghi, la que ha dirigido los gobiernos. Bruselas y la Comisión, el centro del gobierno de Europa, contienen estructuras tecnocráticas por excelencia.

Trump no pertenece a ninguna de las viejas tipologías. Proviene de Estados Unidos, y allí el tecnócrata es un personaje cada vez menos atractivo, hasta el punto de que el líder republicano se construyó precisamente contra ellos. Era rico, como su padre, pero nunca alcanzó los lugares de mayor prestigio. Carecía de credenciales, había forjado su popularidad en los medios y en la televisión y era percibido como una suerte de arribista difícilmente comparable con la aristocracia estadounidense, la de los financieros, las clases formadas en la *Ivy League*, las grandes consultoras y los renombrados despachos jurídicos, los lobistas con más poder, los líderes de las grandes tecnológicas. Trump provenía del Nueva York de los años ochenta y noventa, de la época de «la avaricia es buena», del reaganismo y de los *yuppies*, y supo aprovechar los momentos de crisis para consolidar sus grandes proyectos: su fama creció notablemente en la era de las dificultades económicas de la Gran Manzana. Pertenecía más a la clase de Berlusconi que a la de los grandes líderes: era mediático, sus productos resultaban populares, carecía de distinción, exhibía su riqueza, tuvo sonados divorcios, construía torres con mucho oro chapado. Las cualidades que se podían valorar de él se alejaban de la distinción, la mirada esnob, el recorrido académico, los grandes despachos de caoba. Trump era rico, pero no formaba parte de las élites que manejaban el país. Las burlas crueles que le dedicó Obama en la cena de corresponsales de 2011[11] mostraban al mundo hasta qué punto era considerado un

11. <https://www.youtube.com/watch?v=HHckZCxdRkA>.

personaje secundario, y un punto despreciable,[12] en la trama del poder.

La mirada de superioridad que soportó le fue útil electoralmente porque le permitió comprender de forma diáfana el malestar del hombre común con esas clases ricas de las costas de Estados Unidos. A esa tecnocracia, a la que llamó el pantano, la ciénaga, el *blob*, la tuvo en el punto de mira continuamente. La campaña de 2016 apuntó de manera expresa contra sus principales representantes, los que conformaban la denominada *professional managerial class*, la defensora y beneficiaria del orden basado en reglas; la campaña de 2024 fue mucho más intensa en ese sentido. Las dos personas más importantes de las que Trump se rodeó fueron J. D. Vance, el vicepresidente que decía defender al hombre común, y Elon Musk, el libertario tecnológico: los dos estaban radicalmente en contra de esas clases formadas urbanas que se creían mucho mejores que el resto de los norteamericanos.

Su discurso era disruptivo en lo formal, ya que su manejo de los medios fue profundamente divisivo (trató a sus rivales como había tratado a los concursantes de *The Apprentice*), pero también en su naturaleza. Actuaba como un hombre de negocios: Estados Unidos tenía demasiadas normas, demasiados burócratas y demasiados impedimentos para que los emprendedores floreciesen; todo eso debía ser derribado. En su primera legislatura, dejó claro que iba a confiar en figuras exitosas, habitualmente hombres ricos, en detrimento de los expertos.[13] La fortuna conjunta de los cargos nombrados por Trump superaba los 35.000 millones de dólares.[14]

12. <https://people.com/politics/chris-christie-on-obamas-2011-roast-of-donald-trump/>.

13. Nombró secretario de Trabajo a un magnate del sector de la comida rápida; a un negacionista como responsable de Medio Ambiente; a un directivo de la petrolera Exxon como secretario de Estado; a un ejecutivo de Goldman Sachs como secretario del Tesoro; a una decidida partidaria de las escuelas privadas como secretaria de Educación y a un enemigo de la sanidad pública como secretario de Salud.

14. <https://www.politico.com/story/2016/11/donald-trump-cabinet-billionaires-millionaires-231831>.

En su segundo mandato ha hecho todavía más evidente ese desprecio sobre las clases gerenciales profesionales, así como la necesidad de que sean sustituidas por millonarios que saben dirigir con la actitud y la energía propias de la empresa:[15] Elon Musk dirige el Departamento de Eficacia Gubernamental; Linda McMahon, de setenta y seis años, que hizo su fortuna con el *wrestling*, es la responsable de Educación; Howard Lutnick, director de un banco de inversiones, es secretario de Comercio; el administrador de fondos Scott Bessent, secretario del Tesoro; o Doug Burgum, un magnate tecnológico, está al frente de Interior. Y para los cargos que no ha confiado a millonarios, ha optado por políticos leales a su causa. Queda muy poco en la administración Trump de las élites habituales en Washington.

El mensaje que transmite con estos nombramientos es que ha llegado el momento del relevo: la clase dirigente que proviene del mundo de los negocios sabrá hacer con el Estado lo mismo que logró con sus empresas. Los planes de eficiencia, la toma de decisiones sin trabas burocráticas, la consecución de beneficios palpables y el desarrollo de una visión clara y decidida sobre el futuro son característicos de los hombres de acción, al contrario que esos tecnócratas que se enredan en la palabrería.

No es difícil que, en una sociedad individualista como la estadounidense, sean apreciados este tipo de perfiles, ya que encajan en el imaginario del hombre que es capaz de dirigir la nave con firmeza: quién mejor que un hombre de negocios para conseguir que el país sea próspero, y más aún si proviene de un entorno, el tecnológico, que ha sabido encontrar soluciones innovadoras. Las clases dirigentes estadounidenses se han visto así sustituidas por gestores que no van a dedicar tiempo a encajar distintos matices en normas complejas, sino que utilizarán las bazas contundentes del realismo político y económico. Es un cambio con relevancia para las élites europeas, que se habían criado bajo la atenta mirada de las clases expertas anglosajonas.

15. <https://www.usnews.com/news/national-news/articles/how-many-billionaires-are-in-trumps-administration-and-what-is-their-worth>.

El elemento novedoso en la campaña de 2024 fue el vicepresidente elegido, J. D. Vance. Su trayectoria personal giró desde el neoliberalismo presente en la época en que escribió *Hillbilly, una elegía rural*, hacia una política, ligada a su conversión al catolicismo que afirma poner el acento en el bien común. La imagen de decisión que transmitía Trump, y el elemento insurgente que lo caracterizaba, se vieron complementados con un político que afirmaba velar por los intereses del ciudadano común. Vance, que había trabajado para el magnate tecnológico Peter Thiel, su principal valedor en la esfera trumpista, aportó un cierto compromiso con los territorios y las clases más deterioradas del país. Por primera vez en mucho tiempo, el Partido Republicano acogió a figuras obreristas que mezclaban la idea del bienestar material con un nuevo sentido del propósito. El apoyo de esos sectores era indispensable si se quería derrotar a Harris, y el complemento que traía Vance introdujo ideas muy inusuales en una formación conservadora que había apostado durante mucho tiempo por el neoliberalismo. La mezcla de ambas posiciones, la del hombre con decisión y energía y la del líder que pretendía ocuparse del bienestar del ciudadano normal, fue esencial a la hora de dar forma al nuevo Partido Republicano. De momento, el mandato de Trump ha dado mucho más peso a la vertiente del negocio, encarnada en Elon Musk, que a la representada por Vance, pero concurrió a las elecciones con ambas perspectivas.

En todo caso, la experiencia de Trump subraya la transformación operada en la política. En la época anterior, los líderes preferidos eran aquellos que transmitían una imagen de tranquilidad y moderación (Obama era el ejemplo idóneo, como lo fue en su momento Merkel). Encontraban respaldo en las clases gestoras y exhibían una cara amable que irradiaba confianza. Hoy, tales figuras están en desuso, y los líderes que ganan no se apoyan tanto en la fotogenia o en la moderación, como en la energía de la transformación: prometen otra época y sus gestos los deben acompañar.

Este giro no sólo es producto de la animadversión contra las élites tradicionales, descritas como poco eficaces, sino un intento en toda regla de derribarlas. La propuesta de bienestar futuro de los nuevos líderes parte de una premisa: la responsabilidad de las viejas élites respecto de los daños causados. Los males que afligen a Occidente provienen de una mala dirección, generada por ideas erróneas, ya sean la apertura global, el enfoque en lo *woke*,[16] la pátina burocrática o las políticas verdes, entre otros factores, por lo que no basta con cambiar unos cuantos nombres en la administración: es necesario desplazar por completo a esas clases dirigentes para que los problemas comiencen a solucionarse. Al contrario que los políticos de la vieja época, que prometían una continuidad con los gobiernos anteriores y una cierta integración de los perdedores, los actuales no abogan por la sucesión, sino por una revolución gestora. Trump supone un notable salto hacia adelante.

El cambio de eje político

La pregunta más pertinente es por qué estos tiempos de contextos confusos, transformaciones internacionales, aparición de nuevos líderes y visiones negativas sobre el futuro han generado atractivo entre las poblaciones occidentales. La respuesta pasa por entender cómo el eje nacional / global ha sustituido al tradicional izquierda / derecha en todas partes. Desde Argentina hasta Países Bajos, desde Francia a Reino Unido, desde Hungría hasta Estados Unidos, la dinámica territorial es ahora el elemento central a la hora de decidir las configuraciones parlamentarias y los presidentes de los gobiernos. Es un asunto muy relevante, también por lo que tiene de cambios en las preferencias políticas de las distintas clases sociales.

La victoria de Trump se tejió alrededor de la variable geográfica. Los demócratas dominaron en sus Estados tradicionales, como Nueva York o California, pero también en las principales ciudades de aquellos Estados que acabaron ganando los republi-

16. La ideología *woke* promueve la igualdad racial y de género, rechaza las estructuras de poder tradicionales y subraya la conciencia de las opresiones sistémicas. Apuesta por las políticas DEI (diversidad, igualdad e inclusión).

canos. Según el índice Kearney (2024), en Estados Unidos hay quince ciudades globales. En todas ellas, Charlotte, Houston, Dallas, Atlanta, Boston, Chicago, Los Ángeles, Miami, Minneapolis, Filadelfia, Nueva York, San Francisco, Seattle y Washington D. C. (excepto en Phoenix, donde hubo un empate técnico), los demócratas se impusieron con una diferencia sustancial.[17] El apoyo para Trump provino de los entornos interiores, especialmente de condados cuyas dinámicas económicas, sociales y culturales[18] son muy distintas de las de las ciudades globales.

La brecha abierta entre territorios con vitalidad económica y los deteriorados, los aspiracionales y los detenidos, los conectados y los alejados, marca la política de nuestro tiempo.[19] La globalización es indisociable de la forma red, cuyos nodos están compuestos por ese conjunto de ciudades globales que fueron las grandes ganadoras de la época, desde Nueva York hasta Dubái, desde Los Ángeles hasta Madrid. En ellas se han forjado las ideas dominantes, se ubican las mayores empresas, se demandan los trabajos con más prestigio y mejor pagados y residen las élites. Los preceptos que se difundieron desde las grandes urbes, como la importancia del libre comercio, la creencia en el progreso, el papel principal de la tecnología y la apertura en las costumbres, dibujaron una época. Esos núcleos se conectaban, a su vez, con ciudades de menor tamaño del interior de su territorio, que tendían a imitar sus fórmulas de desarrollo. Esa red forjó una mentalidad común y también una posición política: en la mayoría de Occidente, las grandes ciudades solían ser progresistas.

La financiarización de la economía, la desaparición de la industria, las sucesivas deslocalizaciones y la concentración de la inversión permitieron que las grandes ciudades gozasen de oportunidades todavía mayores, pero trajeron una contrapartida. Las ciudades pequeñas e intermedias, así como el mundo rural, se vieron sumidos en una época complicada: la pérdida de

17. <https://www.elviejotopo.com/topoexpress/razones-de-una-derrota/>.

18. <https://www.brookings.edu/articles/trump-again-won-counties-representing-a-minority-share-of-national-gdp-but-with-notable-gains/>.

19. Hernández, Esteban, *El corazón del presente*, Círculo de Tiza, 2023.

población, en especial de los jóvenes y de las personas cualificadas, la falta de inversión, el endeudamiento y la desindustrialización produjeron una contracción significativa de sus opciones de futuro. Desde esos territorios, la vida se observaba de manera distinta.

Esa separación produjo dos divisiones, y la primera de ellas dibujó un nuevo diagrama social. En un lado se situaban las clases formadas urbanas, las exitosas, que peleaban por mantener un *statu quo* que les era favorable. En el otro estaban los perdedores de la globalización, esos territorios interiores, con sus clases medias en declive y con una proletarización creciente, que están interesados en la estabilidad y en la seguridad desde un punto de vista casi existencial. Entre ambas, y en un lugar ambiguo, quedaron los habitantes de las periferias urbanas, así como las clases formadas precarias, cuya posición económica no es la mejor, pero que conservan todavía un sentido positivo del porvenir, ya que aspiran a progresar.

La segunda división fue política, y enfrentó las ideas dominantes en las urbes globales con las de las zonas en decadencia. Las elecciones de los últimos años han emitido un resultado uniforme: la Francia interior ha votado contra París; la América interior, contra las ciudades de las costas; Reino Unido, contra Londres; Argentina, contra Buenos Aires; Hungría, contra Budapest; la Alemania del Este, contra la del Oeste. En esa clave operó Trump, cuya propuesta entró en las zonas alejadas de las grandes urbes como cuchillo en la mantequilla. No sólo por el apoyo que el Partido Republicano contaba tradicionalmente en ellas, ligado a la religión y al sentimiento nacionalista, sino porque prometía un resurgir que esos territorios necesitaban.

Si bien esas zonas deterioradas comparten condiciones y su declive es producto de las mismas causas, su heterogeneidad hace aparentemente difícil que se reúnan en un camino de salida común. Las poblaciones pequeñas de Texas y las de Pensilvania son muy diferentes entre sí, como las de la Bretaña francesa y las cercanas a Marsella. Sin embargo, todas ellas forman parte de un mismo país y poseen códigos culturales e históricos comunes, por lo que es lógico que las opciones políticas traten de apoyarse en lo compartido. La campaña de Trump fue expresa en este sentido, ya que la nación regresó como el elemento fundamental de unión de personas y territorios que deseaban un cambio. El concepto Estados Unidos operaba como entidad geográfica, pero también «Hacer América grande otra vez» significaba recuperar las comunidades que la conformaban, apoyar al ciudadano común y reanimar el espíritu de un país que se estaba desvaneciendo.

Sin embargo, no bastaba con enunciar ese discurso, era necesario encontrar un oponente al que referirlo. La nueva derecha republicana se situó enfrente de un entorno urbanita que defendía una serie de políticas que generaban incomodidad en los territorios interiores. Las políticas *woke* eran parte del combate, pero no fue ése el aspecto decisivo. La apuesta cultural y económica de Trump apuntó contra el ideario de las ciudades globales, a las que responsabilizaba de haber impulsado el libre comercio, las deslocalizaciones, la pérdida de empleos bien pagados y el declive de las clases medias y de las pequeñas poblaciones. Exhibió un aire claramente impugnatorio respecto de las élites que habían ejecutado un plan que se había revelado muy dañino para el ciudadano medio. Trump, como las fuerzas ideológicas insurgentes de la nueva época, hizo política contra las grandes ciudades y a favor de la nación. Ambas cosas iban de la mano: el fortalecimiento del país era la condición de posibilidad de la mejora individual; la nación emergía como refugio de los que habían perdido con la globalización.

Ese enfrentamiento es la clave del eje global / local. Refutar la globalización y centrarse en las necesidades nacionales, con el combate implícito contra las élites urbanas, es el movimiento político más relevante de esta época. Las fuerzas sociales que lo sostienen proceden de las ciudades pequeñas e intermedias, del mundo rural y, en alguna medida, de las periferias de las grandes urbes. Son terrenos en los que las nuevas derechas se han situado mucho mejor, y en los que las progresistas han decaído significativamente, en gran medida porque siguen anclados en el eje progresismo / conservadurismo.

Es una carta políticamente poderosa porque incide en esa distancia económica que atraviesa las sociedades occidentales, y lo consigue desplazando el eje de clase hacia el geográfico. Al operar de esa forma, logra que una parte significativa de las personas con menos recursos apuesten por las derechas. Ya que en los territorios con menor vigor económico residen las poblaciones con recursos más escasos, es lógico que sus clases medias bajas, así como las que están en situación de proletarización, se refugien en las formaciones que afirman defender los intereses de esos territorios. Ese giro explica también la cada vez mayor insistencia de los partidos progresistas en las clases urbanas formadas, en las minorías y en las mujeres como bases sociales de sus formaciones: es un intento de ganar apoyo social en sectores concretos, ya que las condiciones no les son favorables en un buen número de regiones.

Ésta es la causa de que los partidos de izquierda pierdan peso social en Occidente. Las viejas posiciones ideológicas pierden relevancia al mismo tiempo que las ganan las opciones que prometen la recuperación de las capacidades nacionales. La falta de comprensión por parte del *establishment* demócrata de este hecho, que se reproduce en Europa, condujo al *shock* que se vivió tras los resultados electorales estadounidenses.

La anomalía española

La tendencia general en los Estados occidentales tiene algunas excepciones, y España está entre ellas. En el pasado, lo frecuente es que las nuevas orientaciones políticas penetrasen en los grandes centros urbanos y desde allí fueran irradiándose hacia las ciudades con menos población y, en alguna medida, hacia los entornos rurales. Ahora domina el movimiento opuesto: las fuerzas políticas que tienen su apoyo en los territorios periféricos van ganando cada vez más espacio y penetran con alguna fuerza en las ciudades. Ése es el camino seguido por los movimientos populistas contemporáneos. Ocurre del mismo modo a nivel internacional: el centro —Estados Unidos y Europa— se ve desafiado por el crecimiento y la potencia de países que ocupaban un lugar periférico, como los BRICS, lo que trastoca el orden creado.

En España no funciona plenamente ninguna de las dos tendencias. La capacidad de influencia de las grandes ciudades sobre el resto del territorio ha disminuido, lo que impidió que fuerzas políticas como Podemos, Ciudadanos o Sumar se expandieran por los territorios (quedaron confinadas en los centros urbanos), pero tampoco existe un movimiento de fuera hacia dentro que haya emergido con energía.

Esa situación indefinida es producto de una variable que determina buena parte de la vida política nacional: la existencia de dos ciudades globales, Madrid y Barcelona. La primera vive una época de auge, la segunda se ha visto frenada; continúa atrayendo actividad y recursos, pero en una proporción bastante menor que la capital. En Madrid están ubicadas las sedes de las grandes consultoras, los despachos de abogados más prestigiosos, los medios de comunicación nacionales, las firmas publicitarias, las dedicadas al *lobby*, muchas firmas del Ibex, la judicatura, el alto funcionariado y los centros académicos de mayor relevancia, y ese poder actúa como un imán. Barcelona ha perdido el foco cultural que una vez tuvo, pero también vio detenido su vigor económico, así como su potencial de influencia, con el *procés*.

El efecto de absorción de la actividad y recursos por parte de Madrid es típico de las grandes urbes y es una consecuencia difícilmente eludible de la globalización. Ese hecho provoca que su poder de atracción aumente en todos los terrenos. Es lógico que muchos jóvenes de otras provincias, habitualmente formados, busquen en la capital las oportunidades de las que carecen en sus lugares de origen, como lo es que se convierta en un destino típico de la inmigración y de la inversión, así como en sede de grandes eventos culturales y comerciales. Las ciudades y regiones cercanas tratan de aprovechar ese empuje intentando vincularse de manera más estrecha con la gran ciudad, normalmente mediante conexiones más rápidas, para atraer inversión y población o para generar empleo. Esa capacidad de captación se expande hasta lugares relativamente lejanos, y Valencia o Zaragoza tratan de aprovechar las posibilidades de la conexión con la capital. El carácter de centro geográfico de Madrid, así como la organización radial de las comunicaciones españolas, ayudan a que ese carácter de nodo se desarrolle con más intensidad. Políticamente, influye que el sentimiento nacionalista español se rearme alrededor de Madrid y no en su contra, como ocurre en otros países. En la capital de España, al contrario que en otras urbes globales, lleva tiempo gobernando la derecha y el clima social en el que se desenvuelve es favorable a ella, lo que introduce un factor diferencial.

Este auge de Madrid ha fomentado la pérdida de peso de Barcelona. Las élites de la Ciudad Condal trataron de recuperar influencia presionando por el reparto de los recursos estatales, a menudo mediante los votos de los partidos catalanes en el Parlamento, y más tarde a través de una cada vez mayor tensión con el Estado, que tuvo su punto límite en ese intento secesionista que fue el *procés*. La salida de la crisis de 2008 generó problemas en todas partes, pero la reacción en Cataluña cristalizó en un movimiento que reproducía a nivel regional las dinámicas políticas generales. El argumento principal de esa oposición el Estado español fue que la pérdida de vigor catalana había sido causada por un reparto deficiente de los recursos nacionales. Barcelona era una ciudad abierta y con conexiones, con mentalidad emprendedora y un posicionamiento cultural privilegiado; con la inversión adecuada, lograría el dinamismo que precisaba para tener recorrido entre los circuitos internacionales. Esa lectura de la situación de las élites catalanas fue empujada por buena parte de los cuerpos expertos, con las escuelas de negocio a la cabeza. Las pequeñas ciudades y el mundo rural catalán explicaban su pérdida de poder adquisitivo, de servicios públicos y de dinamismo económico, no por los efectos de la globalización, sino por el maltrato del nacionalismo español. En ambos lugares, además, se reforzó la percepción de que las malas relaciones con España constituían un problema que no se podía solucionar mediante el diálogo, por lo que resultaba lógico emprender el camino en solitario. La posibilidad y la necesidad de la independencia acabaron cobrando cuerpo tanto en entornos urbanos como en los rurales y dio lugar al *procés*. El intento secesionista tuvo efectos notables en la política española y creó un nuevo eje político alrededor de la línea del Ebro.

Los proyectos de Madrid y Barcelona se parecen mucho en lo económico y en lo existencial y la diferencia real entre ambas ciudades reside en el porcentaje de recursos y de autonomía de los que cada una de ellas goza. Madrid ha emprendido una deriva de clara separación del resto del país en lo económico y en lo social, al igual que lo intenta Barcelona (con menos éxito), pero ninguna de ellas cuenta con una visión del Estado que permita impulsar el crecimiento más allá de sí mismas y de su entorno.

Este enfrentamiento entre las dos ciudades vuelve enormemente complicado que el eje nacional / global se reproduzca en España. Si el movimiento habitual consiste en que las periferias combaten al centro, es decir, los territorios con menos vigor se posicionan políticamente en contra de las grandes urbes y de sus proyectos, reuniendo sus reivindicaciones bajo el cobijo de la nación, aquí esa línea se invierte. La capital, en la que gobiernan las derechas, ha logrado colocar a buena parte de las regiones con poco vigor económico de su lado, así como a las ciudades con las que cuenta con buenas conexiones, precisamente porque puede conformar un proyecto nacional como simple oposición a los separatismos liderados por el entorno catalán. Las últimas elecciones generales reflejan cómo el triunfo en todas las autonomías cayó del lado de las derechas, salvo en Cataluña, Navarra y País Vasco, la línea del Ebro. Si en otros países se vota contra la capital, en buena parte de España se vota contra Barcelona (hoy el centro del progresismo socialista), reconfigurada como ciudad global contra la que luchar y la que se puede llevar la mayor parte de los recursos nacionales gracias a la teórica complacencia del PSOE. Éste es el movimiento centrípeto de la política española.

El movimiento centrífugo, el que busca el alejamiento en lugar de la reunión, también está presente en la vida política patria. Cuando la hostilidad hacia Madrid está políticamente presente, se vehicula como reivindicación regional, no nacional. Barcelona o Bilbao no pueden encabezar una revuelta contra la capital en la que pongan de su lado a los territorios con menos vigor porque sus reivindicaciones son puramente privadas. Carecen de una visión de España que autorice a competir con la de Madrid. El combate contra la capital está anclado en términos particularistas, mediante los que pueden reclamar más competencias o fondos, o promover una nueva articulación del Estado, pero que impiden que sus argumentos resulten atractivos para el resto de los territorios. Ni siquiera en la manera de estructurar el Estado se desprenden de esa mirada local: son los primeros que se opusieron al «café para todos». En esas circunstancias, los territorios con menos vigor se ven obligados a elegir entre dos entornos con recursos que piensan de la misma manera y que no les benefician en absoluto.

Donde mejor se aprecian los caminos por los que se articula en España la variable territorial es en la izquierda. La deriva regionalista ha estado presente también en las derechas nacionalistas, como PNV y CIU-Junts, y ha cobrado un creciente auge con la reivindicación de elementos culturales propios: Moreno Bonilla luce andalucismo, como el PP gallego celebra sus raíces o Madrid sus especificidades. Sin embargo, la insistencia en lo regional está más presente en las izquierdas, que han encontrado un ámbito propio de acción en una mezcla de refugio en el territorio y de lucha contra la ciudad global (que es casi siempre un sinónimo de españolismo). Más allá del PSOE se ha creado un conjunto de partidos progresistas que tienen implantación y recorrido local (Bildu, ERC, BNG, Compromís, Más Madrid, Izquierda Andalucista, una IU asentada sobre todo en Andalucía). Ninguno de ellos cuenta con recorrido en todo el país y ni siquiera una federación o confederación parece una solución que pueda resolver ese problema.

Este asentamiento en las regiones subraya cómo la cuestión de clase ha pasado a convertirse en una cuestión de territorios: los partidos de izquierda como Bildu, ERC o BNG insisten en un componente nacionalista evidente, que les otorga exclusividad electoral respecto de otras fuerzas de su espectro ideológico, pero también porque, de ese modo, pueden ofrecer una promesa a sus votantes que entronca con la tendencia emergente en la política contemporánea, la de unir nación y bienestar de sus habitantes.

En un momento de detención económica, de declive de las prestaciones públicas y de deterioro del nivel de vida, la variable territorial implica poner en juego un elemento que pueda hacer creer a sus simpatizantes que la recuperación es posible. Su discurso insiste en que, en la medida que se obtengan más recursos del gobierno central, que se consigan más competencias o que gestionen con total libertad (o, en última instancia, que se alcance la independencia), la vida de los ciudadanos de sus comunidades será mejor. Utilizan el eje territorio contra capital, pero lo formulan en términos reducidos y cerrados.

La convivencia de la pulsión centrípeta y la centrífuga hacen difícil que un proyecto populista en los términos que está siendo formulado tenga un gran recorrido en España. En la medida en que las élites de los espacios con más recursos están enfrentadas entre sí por el reparto del pastel nacional es complicado que las clases medias y las trabajadoras, especialmente las de los territorios en declive, encuentren un espacio que perciban como defensor de sus intereses. No se puede poner en juego el eje nación contra capital porque esos conceptos aluden a naciones y a capitales distintas.

Sin embargo, las especificidades españolas sirven también para ilustrar las dificultades europeas, que atraviesan un momento similar. En un momento de crisis sistémica, la solución ha aparecido internacionalmente en términos geográficos-nacionales: Estados Unidos, China, India, Turquía, Arabia Saudí, Israel y tantos otros están operando en términos estatales para sacar partido del nuevo contexto, pero Europa no consigue esa reunión en torno a una visión concreta: los intereses divergentes de Alemania, Francia, Polonia, Italia o Países Bajos complican tanto la vida comunitaria como Madrid, Cataluña, País Vasco o Andalucía los de la española.

Hasta la fecha, la Unión Europea ha tenido un centro, Bruselas, que en realidad defendía intereses fundamentalmente alemanes. Las distintas derechas soberanistas han atacado a ese núcleo con el deseo de ganar poder de decisión para sus Estados y de aflojar unos lazos que describen como perjudiciales, ya sea por motivos económicos, culturales o ideológicos. Sin embargo, ninguno de los partidos anti-Bruselas ha emergido con una idea alternativa de la Unión Europea que sirviera como elemento de reunificación. Su posición era la de alejarse y separarse del poder tecnocrático europeo, y lo que une a esas fuerzas políticas es su deseo de distanciamiento, no el proyecto de una Unión Europea diferente. Es el caso español: las regiones que han luchado políticamente contra Madrid lo han hecho en términos propios, no para proponer una visión de España que pudiera vincular al resto de los territorios a un ideario común. Las dificultades europeas son como las españolas, en el sentido de que hay una tendencia unificadora que sólo beneficia al centro, y una tendencia centrífuga que empuja hacia la dispersión. La tendencia centrípeta y la centrífuga coinciden, y la segunda va ganando.

El caso español no es más que otro ejemplo de cómo la geografía ha irrumpido en la política. No podía ser de otra manera, dada la gran brecha que ha generado el auge de las grandes urbes.

2

Los lugares en los que hay que estar

Un puñado de ciudades

La tensión entre las urbes y los territorios, entre las ciudades y los Estados, es la consecuencia lógica del orden que Occidente estableció en las últimas décadas. Las divergencias y enfrentamientos políticos entre unas y otros no pueden entenderse sin subrayar la importancia de cambios económicos abrumadores, que fueron explicados como un paso inevitable en el camino hacia la prosperidad.

Lo acontecido en estos años es producto de un desanclaje que llevó a desprenderse de los lazos estatales, y con ellos de lo físico, de lo pesado y de lo verticalmente organizado y se recentró en los conceptos, la creatividad y el poder de lo simbólico. Los años globales estuvieron tejidos por intereses, pero también por una suerte de buena voluntad que fiaba todo al peso de los valores: es como si las ideas construyeran por sí solas el mundo. La crisis de hegemonía estadounidense, que es la crisis occidental, que es la crisis de la globalización, es la consecuencia de las grietas que se produjeron en ese desplazamiento.

La transformación en el modelo productivo que trajo ese recentramiento fue profunda, y dio lugar a lo que se ha denominado economía fisurada.[20] Las grandes empresas del siglo XX, que se desarrollaron en toda su fuerza tras la Segunda Guerra Mundial, eran firmas que precisaban de mucha inversión. Requerían grandes instalaciones, maquinaria especializada de elevado coste, mano de obra abundante y una producción en masa que generaba economías de escala. Eran compañías muy rentables, pero siempre que existiese una fluidez continua en la producción, lo que permitía funcionar a plena capacidad y de manera ininterrumpida. Debían contar con un buen número empleados directos, tanto para la fabricación como para los servicios auxiliares (supervisión, contabilidad, limpieza, seguridad, etc.). Además, eran compañías que precisaban de un contexto previsible y confiable. Una producción sin fricciones requería de paz social, por lo que la negociación entre empresarios y trabajadores fue habitual. Y necesitaban estabilidad en el plano macroeconómico, lo que garantizaba la provisión de insumos, pero también una demanda continua por parte de los consumidores. Ése fue el escenario social por el que se apostó durante varias décadas, lo que trajo ventajas añadidas: el poder adquisitivo de las clases trabajadoras aumentó, lo que mejoró significativamente su nivel de vida, impulsó el consumo y construyó una economía activa y fuerte.

Este modelo de organización comenzó a romperse a principios de los años setenta. Los cambios generados por la ruptura del modelo de Bretton Woods y el aumento de los precios del petróleo fueron factores fundamentales, pero también influyeron las nuevas demandas sociales que habían florecido en la década de los sesenta: el rechazo del trabajo mecánico y repetitivo por parte de los jóvenes, las necesidades de inclusión de las poblaciones discriminadas y la incorporación masiva de las mujeres al mundo laboral eran realidades que exigían cambios. En tercer lugar, hubo factores geopolíticos: Estados Unidos, después de un periodo de gran crecimiento, comenzaba a quedarse atrás respecto de países como Japón, que emergía con fuerza gracias a su notable productividad.

20. <https://americanaffairsjournal.org/2023/05/intellectual-property-and-the-fissured-economy/>.

La conjunción de todos estos factores provocó una reacción que impulsó nuevas formas organizativas. El núcleo de los cambios fueron las modificaciones legales, que autorizaron y promovieron estructuras empresariales diferentes. Las compañías de mayor tamaño pudieron, gracias a ellas, separarse de todo aquello (físico, pesado y denso) que implicaba inversión en capital. Retuvieron el núcleo de la firma, conformado por la marca, la tecnología y las ideas, que protegieron intensivamente a través de unas leyes de propiedad industrial e intelectual respaldadas por los gobiernos occidentales y por las instituciones globales.[21] Bastaba con el control legal de las patentes y con la seguridad jurídica asentada en el respeto a los contratos para tejer una nueva red mucho más dispersa. En esa misma época, los accionistas, en especial los institucionales, ganaron mucho peso frente a los directivos de las firmas. Estos cambios «fueron más importantes para dar forma a la economía neoliberal de las últimas décadas que cualquier recorte de impuestos».[22]

La fisura económica a la que condujo esa visión fue palpable. La fábrica de automóviles es un buen ejemplo. Cada coche que se producía requería de unas diez mil piezas, que fabricaba la misma empresa. Era necesario un uso intensivo de la mano de obra para que la cadena funcionase regularmente y cumpliera con los plazos previstos. Los acuerdos patronal sindicatos debían ser continuos y sólidos para generar estabilidad en la producción, lo que se conseguía a través de salarios mejores para los trabajadores. Las fábricas se localizaban en poblaciones con acceso a la energía, fuera de las grandes ciudades, lo que condujo a un reparto espacial de la mano de obra, que estaba dispersa por los territorios del Estado en lugar de concentrada en las grandes ciudades. La empresa debía realizar grandes inversiones de capital destinadas en gran medida a una maquinaria especializada y adaptada a las necesidades de los productos.[23]

21. Ibídem.

22. Krein, Julius, «America after neoliberalism. New Statesman». <https://www.newstatesman.com/the-weekend-essay/2023/12/america-after-neoliberalism>.

23. <https://americanaffairsjournal.org/2020/08/corporate-profit-strategies-and-u-s-economic-stagnation/>.

Ese modelo dejó paso a otro centrado en lo inmaterial (la marca, la tecnología, la idea). La integración vertical se rompió y la fabricación de los componentes pasó a ser realizada por proveedores externos, a menudo en países lejanos, que quedaban vinculados por contratos exhaustivos que les obligaban a poner a disposición de la firma madre sus productos en la cantidad y tiempo exigidos; la mano de obra de servicios (personal administrativo, de seguridad, etc.) pasó a ser subcontratada, como el personal de logística. Incluso un porcentaje de los trabajadores directos se convirtieron en temporales, o fueron subcontratados. Se produjo así una degradación en las condiciones de empleo, ya que cada empresa proveedora redujo los salarios para poder ajustarse a las demandas de la compañía matriz. Se perdieron muchos empleos a causa de las deslocalizaciones, pero también decayó el poder adquisitivo de los trabajadores nacionales como efecto de los ajustes en las retribuciones. La separación entre el entorno directivo y el resto se hizo profunda, y no sólo por los salarios, sino por las condiciones laborales o por la falta de estabilidad en el empleo. La estructura flexible significó en la práctica que la mayor parte de los beneficios de la empresa fluían hacia el núcleo, mientras que se depreciaba la participación del resto de los empleados.

Esta forma de organización fue más allá de lo productivo y se instaló en muchas otras áreas. Las franquicias son un ejemplo habitual de esta dinámica fisurada: la empresa original cede los derechos de su marca y obliga a los franquiciados a seguir las pautas de su *know how*, percibiendo una renta por ello, pero sin hacerse cargo de los gastos que supone todo lo físico: local, insumos, empleados. Hay grandes firmas hoteleras que no son las propietarias de sus edificios, que suelen pertenecer a fondos de inmobiliarias. La gestión, personal incluido, es realizada por proveedores especializados.[24] Las marcas son el principal activo de las empresas. Sobre esta base se han creado las firmas de la economía digital, como Amazon, Uber o Airbnb. Apple es un buen ejemplo de la reestructuración productiva. La

24. Ibídem.

empresa contaba en 2019 con 90.000 empleados directos en Estados Unidos, una parte de los cuales eran profesionales bien remunerados que se dedicaban al diseño, al software y al marketing. Eran el núcleo de la firma. Y 2,4 millones de personas trabajaban para Apple en el país, pero estaban empleadas por firmas subcontratadas y proveedores de distinta clase. Y la gran parte de su mano de obra, la que de verdad fabricaba sus productos, era aportada por empresas como la china Foxconn.[25]

Esta nueva economía generó una transformación del orden político, económico y social con transferencias de poder significativas. Los Estados perdieron competencias a manos de entidades e instituciones supranacionales, fueran éstas organismos oficiales, agencias de calificación o empresas globales (el caso europeo fue ejemplar en este sentido, con la creación de la Unión Europea). El nuevo reparto territorial impulsó un crecimiento sustancial en tamaño, poder y recursos de las grandes urbes y provocó el declive del mundo rural y de las ciudades medias e intermedias; los empleos fueron a parar hacia las profesiones simbólicas y hacia los servicios y disminuyó radicalmente la mano de obra industrial, agrícola y ganadera; además, todo lo que tenía tamaño medio o pequeño perdió relevancia, ya fueran cargos profesionales, empresas o países.

El resultado fue que un puñado de urbes se convirtieron en el centro de la actividad mundial, desde Londres a Shanghái pasando por Nueva York, París, Frankfurt, Milán, Madrid, San Francisco o Tel Aviv. En ellas residían las personas que participaban de los flujos globales, las que trabajaban en sectores como las finanzas, la consultoría, la información, el entretenimiento, la publicidad, el ámbito jurídico, los seguros, así como los académicos más prestigiosos y los funcionarios de las grandes instituciones globales, y a ellas emigraban las personas que prestaban servicios y las que aspiraban a entrar en el circuito del empleo globalizado. Eran los centros desde los que se activaba la economía del mundo, pero también los que producían los valores, las

25. <https://www.elconfidencial.com/empresas/2024-09-10/poder-real-apple-estrategias-exito_3959358/>.

formas de pensar y las actitudes que debían imitarse, es decir, la ideología de la época. Si en las décadas anteriores fueron los Estados hegemónicos, como Estados Unidos o la URSS, los que dictaban las grandes decisiones, en la era global fue una red de urbes conectadas la que operó como puente de mando. Los flujos de capital, mercancías, tecnología y mano de obra eran organizados desde esas ciudades: Wall Street y Silicon Valley cobraron más peso que Washington D. C. Del mismo modo que la empresa se había segregado entre una parte directiva y creativa y el resto de la misma, en los Estados se produjo esa bifurcación entre las grandes ciudades, donde fueron congregándose quienes pertenecían a la nueva clase poseedora, junto con todos aquellos que prestaban servicios de protección de esa riqueza (las nuevas clases alta y media alta), y unos territorios interiores que fueron despoblándose y perdiendo vigor.

Con esta nueva distribución económica, y con el decaimiento de la industria, el foco de emigración fueron las grandes ciudades, nacionales o internacionales, que canalizaron las necesidades de servicios, inmateriales o físicos. Eran los lugares en los que se debía estar, los que concentraban las oportunidades y los que prometían un futuro tanto para los trabajadores cualificados nacionales como para los inmigrantes.

El espacio y la demografía

Las sociedades del estado del bienestar prestaron mucha atención a la cercanía. Los Estados nación, sus actores fundamentales, tenían su función principal en la organización del territorio y de la población, por lo que priorizaban contar, dentro de sus fronteras, con una serie de bienes imprescindibles a los que debían tener acceso fácil y continuo. Esa misma estructura se reproducía hacia abajo: las fábricas debían tener a mano los suministros precisos y la mano de obra necesaria, siempre con un equipo de supervisión presente y con la dirección conectada a los centros de producción. Estar cerca era necesario también en la vida privada, que se desarrollaba alrededor de núcleos familiares próximos.

Con la globalización, esa prioridad desapareció. Gracias a los medios técnicos y a la nueva estructura productiva, la organización podía realizarse desde los centros de mando de las grandes urbes. La distancia ya no era un problema. La deslocalización de la producción, junto las interconexiones y la facilidad y la asequibilidad del transporte, permitían asegurar suministros y productos a tiempo; era posible mover capitales a otras zonas del mundo mediante un clic. Todo estaba a la mano, aunque estuviera lejos.

La principal razón de que la geografía pasara a un segundo plano fue la posibilidad de controlar los procesos a distancia. La contrapartida fue la aparición de un plus coercitivo, ya que se hicieron necesarias reglas globales para proteger los derechos de propiedad intelectual e industrial y para asegurar la eficacia de los contratos firmados, así como la capacidad punitiva en caso de incumplimiento. Se requirió, al mismo tiempo, que todo tipo de barreras proteccionistas decayeran, ya que de otro modo este alejamiento de núcleo y producción no resultaría rentable. Y, sobre todo, fue precisa una protección mucho mayor del capital. El peso de los mercados financieros, con los contratos de futuros, los derivados o los precios de las acciones, la prima de riesgo, la retirada o el aumento de las inversiones, el control sobre la devolución de la deuda, la revisión de las agencias de calificación, las prescripciones del FMI o del Banco Mundial, las sanciones económicas y tantas otras cosas aseguraron que el control se produjera de forma exhaustiva.

Estos elementos suponían a menudo un choque entre las necesidades de los Estados para afianzar sus territorios y las de las grandes urbes, que eran el puente de mando que exigía la apertura de mercados. Las ciudades ganaron la partida, de manera que la acción estatal estaba mucho más atenta a lo que ocurría fuera de sus fronteras que a lo que sucedía dentro de ellas.

El segundo elemento que se transformó fue la relación con la demografía. Por primera vez en mucho tiempo, el tamaño de la población ya no parecía tan importante. En un mundo de ideas, conexiones y tecnología, los elementos esenciales que aportaban las masas de seres humanos no eran considerados prioritarios. En el pasado, una población numerosa era importante en el ámbito laboral, ya que permitía que se dispusiera de mano de obra abundante; lo era en el terreno de la seguridad, porque suponía la base de un ejército numeroso; y también como fuerza de consumo, ya que fomentaba la vitalidad económica de un país. En el escenario global, importaba más la calidad que la cantidad. Lo relevante era la cualificación de la mano de obra, no su número: un país eficiente en la nueva división internacional del trabajo debía concentrarse en aportar valor añadido. El consumo interno no parecía necesario porque los mercados eran mundiales y los productos podían venderse en cualquier parte. Tampoco era importante contar con mano de obra de reserva, porque los flujos de la globalización incluían a las personas, lo que proporcionaba trabajadores incluso a un coste más bajo.

Ni siquiera era relevante para la formación de grandes ejércitos, y no sólo porque se esperaba que en la era global las grandes guerras desaparecieran o porque las sanciones económicas parecían las armas definitivas. Las intervenciones militares (un recurso de emergencia), estarían conformadas por alianzas internacionales que requerían menos soldados y más especializados, además de la presencia cada vez mayor de contratistas del sector. En este sentido, la actitud de la potencia hegemónica era clara: desde Vietnam, el enfoque estadounidense en materia de defensa y política exterior consistía en invertir mucho dinero en capacidades bélicas, lo que permitía derrotar a los enemigos en intervenciones breves y, por tanto, con un coste relativamente bajo.[26]

En el mundo global, las masas eran poco funcionales, más un problema que una solución. Y la creencia común es que lo serán menos todavía en el futuro, cuando la inteligencia artificial les reste funcionalidad. Si las guerras las hacen los robots y los dro-

26. El armamento era lo decisivo, y más aún cuando las tropas terrestres las aportaban fundamentalmente los países en los que la guerra tenía lugar. Por ejemplo, las fuerzas especiales iraquíes contra el Estado Islámico, los ucranianos contra Rusia. <https://foreignpolicy.com/2024/01/30/biden-america-foreign-policy-middle-east-jordan-china/>.

nes, y los artículos se fabrican con máquinas, los seres humanos ya no pueden aportar cualidades que resulten sistémicamente útiles.

La vida desde la distancia

Es importante resaltar todo lo que esto significa. La sustitución de la cantidad por la calidad, de las grandes masas por las figuras creativas, de la cercanía por la distancia y de las formas directas de organización por estructuras flexibles y difusas, conllevó cambios de toda clase, en la mentalidad, en los valores, en la composición demográfica y en el papel que el ser humano jugaba en el orden occidental. No eran posiciones que reformasen los modos de vida existentes, sino que los transformaron profundamente. Los últimos años han sido el momento en que los efectos de esas convulsiones han empezado a notarse, pero llevaban tiempo en marcha. En ella, el elemento tecnológico ha jugado un papel muy relevante, pero de ningún modo ha sido la causa. Ha jugado un papel instrumental, que ha alterado sustancialmente las percepciones, la forma de comunicarse, la posición del ser humano en el mundo, pero ha sido el medio a través del cual el orden de las ciudades se ha asentado, no el que lo ha generado.

La estructura social de Occidente es uno de los ámbitos donde más se ha dejado sentir esas sacudidas. El puente de mando, concentrado y conectado, permitió que las élites ya no tuvieran un carácter principalmente nacional. Ni siquiera las del país hegemónico, Estados Unidos. Sus intereses y propiedades estaban repartidos en lugares dispersos, ya fuera en el accionariado de empresas productivas de cualquier país o en vehículos de inversión que gozaban de una dimensión global. Las nuevas élites, además de las financieras, se constituyeron alrededor de los directivos de las grandes empresas, los socios de firmas jurídicas que velaban por la defensa de la propiedad y de los derechos aparejados, los grupos de presión que abrían puertas y los funcionarios de las grandes instituciones internacionales que trataban de asegurar la fluidez y la estabilidad dentro de ese orden. Consultores y abogados, además, se especializaron en buscar nuevas fuentes de ingresos, al igual que los contables y asesores fiscales, cuya función era más la de inventar nuevas fórmulas para escapar de las imposiciones tributarias que la de realizar una tarea técnica estándar. Todas ellas conformaron unas clases altas muy diferentes de las antiguas nacionales, las que provenían de las grandes compañías estatales, de la alta administración del Estado o de los vínculos políticos que favorecían las iniciativas empresariales.

Estas élites, residentes en las ciudades globales, tenían una concepción del espacio que difería sustancialmente de las del pasado. La conexión y la movilidad llevaban dentro de sí una liberación de las constricciones territoriales. Janan Ganesh, columnista de *Financial Times*, definía ese lugar global / no-lugar, en el que residían los habitantes afortunados de las grandes ciudades. «¿Inflación? Puedo ahorrar sin sufrir. ¿El malestar de Europa? Soy móvil. Puedo escabullirme. La escena gastronómica de Singapur ha evolucionado mucho. ¿El Brexit? Las víctimas directas son los pequeños exportadores, los artistas en gira, o los investigadores científicos, no los columnistas mimados como yo. Londres es más cosmopolita, no menos, que en 2016. ¿Las infraestructuras? Algo precioso si vives en una región remota o desfavorecida, pero las principales ciudades del mundo rico están bien dotadas. ¿La educación? ¿El futuro lejano? ¿Las grandes guerras por los recursos de la década de 2070? No tengo hijos por los que temer. Amigos, parece que he salido de la historia. Fuera de los temas obvios y eternos de los impuestos y la ley y el orden, el día a día me afecta poco. Me resulta estimulante observar la política, pero como un zoólogo observa una colonia de wombats». Se había construido un nuevo espacio al margen de las consecuencias que toda residencia conllevaba. Significaba, en el fondo, liberarse de las fricciones que la vida cotidiana genera: obligaciones sociales, programas políticos, medidas sobre los impuestos, inflación. La globalización, el orden de las ciudades, permitió una «vida extrapolítica que... es un milagro de la modernidad».[27]

La desvinculación no se produjo únicamente respecto del es-

27. <https://www.ft.com/content/f2513b40-0b9f-4f36-9724-394b4ad14302>.

pacio, también trajo una visión disociada del porvenir. Las élites, y las clases medias altas que las acompañaban en su aventura, se distinguían por la confianza en el futuro, ya que carecían de la ansiedad que provoca la desprotección. Un presente bien asentado, un orden estable con instrumentos eficaces de control, una tecnología que prometía grandes posibilidades y el respaldo de los grandes Estados y de las instituciones internacionales, ofrecían una imagen de avance libre de inseguridades. El fin de la historia era también eso, el progreso desprovisto del vértigo del vacío. El tiempo era una línea de continuidad que conducía a días mejores.

Frente a ellos, apareció otro mundo que estaba atravesado por la geografía y por el tiempo, por la inestabilidad y la incertidumbre. Pero ese declive no se produjo sólo en territorios que se despoblaban, sino que alcanzó a las grandes urbes. Los hijos de las clases medias que aspiraban a reproducir o a mejorar su posición, muchos de ellos emigrados de las ciudades pequeñas y medianas, vieron cómo las opciones se les reducían, al igual que les ocurre a los empleados del sector servicios. Incluso en las mismas profesiones, los destinos aparecían separados. No era lo mismo trabajar como abogado en el circuito global que depender del turno de oficio, ser entrenador personal de las clases altas que monitor en gimnasio de barrio o en franquicias, chef que cocinero de bar de menú, periodista consagrado que mano de obra redaccional barata, arquitecto en un gran estudio que *freelance*, entre otros muchos ejemplos similares. Los nuevos trabajos que aparecieron, como los repartidores de Glovo o los conductores de Uber, estaban mucho más desestructurados que sus predecesores, y los antiguos, desde personal de limpieza hasta camarero, se depreciaron, máxime cuando los costes de la vida en la gran urbe crecieron en exceso. En ese mapa, la inseguridad y la inestabilidad atravesaron buena parte del mundo del trabajo.

La vida en las ciudades pequeñas e intermedias, y en general en los territorios no conectados con la capital, era distinta. Su cotidianeidad era mejor que en las urbes globales, pero las perspectivas vitales aparecían mucho más apagadas. Los jóvenes emigraban, sus localidades adolecían de falta de inversión, el turismo ganaba espacio; eran ciudades que se mantenían en pie, pero cada vez más encorvadas. Se habían formado, además, unas clases medias altas y altas ligadas al rentismo, a la posesión de tierras e inmuebles, a la construcción y al turismo. Las pequeñas y medianas empresas productivas atravesaban muchas dificultades, y la industria, la agricultura y la ganadería mostraban un vigor declinante. Se fueron fragmentando los intereses entre los propietarios de comercio e industria, y los de empresas de hostelería y construcción. Las transformaciones en Estados Unidos son ejemplares en este sentido, puesto que se creó una nueva nobleza local formada por propietarios de locales en los que instalaban franquicias, los dueños de los concesionarios de automóviles y los propietarios de inmuebles. Los trabajos cualificados propios del mundo conectado eran mucho menos frecuentes, de modo que las oportunidades de empleo estaban en la construcción, en el sector servicios, en las cadenas como Walmart, en el sector de la seguridad y demás empleos mal pagados. Esta mezcla de trabajadores pobres y ricos locales conformó las filas que apoyaron a Trump en las elecciones, y son las fuerzas que apoyan a los partidos populistas y a las extremas derechas en Europa: unos aspiraban a recortes de impuestos y a mantener el nivel de riqueza, los otros a que le fuera mejor a su país, y por tanto a ellos mismos.

Esa brecha, ligada a la percepción del espacio y del tiempo, es esencial en la política contemporánea. Mientras los sectores sociales con más recursos se asientan en su movilidad, en la posibilidad de conexión y en la idea de un progreso continuo, quienes residen en territorios sin vigor aprecian con nitidez las señales de la decadencia y la falta de oportunidades, por lo que su mirada hacia el porvenir es mucho más negativa. Son los sectores que desean un cambio sustancial. Entre ambos se sitúan las clases medias y medias bajas formadas, que tienden a conservar la esperanza de alcanzar la estabilidad en algún instante.

La ética del estatus contra la ética del trabajo

El descenso en el nivel de vida y en las oportunidades de buena parte de las poblaciones occidentales fue acompañado de una cada vez mayor dificultad para ascender en la escala social. Se dio una contracción significativa porque, en un entorno desigual, las élites tendieron a cerrarse: eran mucho menos permeables que las de tiempos pasados. Crearon entornos de autorreproducción ligados a los vínculos de origen (típicamente lugares de residencia y de estudios), acapararon los puestos que garantizaban la permanencia en una buena posición social y los matrimonios entre miembros de la misma clase aumentaron. Se conformó así un entorno en el que la procedencia era muy relevante para gozar de esa seguridad vital que perdieron las clases medias y las trabajadoras.

Para realizar esa tarea de cierre, necesitaban una justificación, un argumento a partir del cual pudieran establecer no sólo su superioridad en la escala social, sino la reducción de las posibilidades de acceso. No fue complicado, ya que las mismas bases conceptuales que les permitían establecer la preeminencia de la ciudad global frente al Estado eran las que los autorizaban a conservar su posición dominante.

La ligazón entre estatus social, mérito y talento era su fundamento principal. Ocupaban un lugar afortunado en la sociedad porque habían sabido leer mejor los tiempos y adaptarse a ellos. Las sociedades habían cambiado en muchos sentidos: en un mundo en el que lo importante eran la innovación y la creatividad, el esfuerzo y el trabajo constituían las armas que les quedaban a los menos cualificados. Lo que se apreciaba era la brillantez, y la experiencia pasó a ser señal de un tiempo gastado, como le ocurrió a la fidelidad y la permanencia. Los valores culturales contemporáneos tenían que ver con el cambio, la adaptación a nuevos contextos y la capacidad de encontrar nuevos caminos, y quienes lo habían entendido ocupaban los espacios con mayor reconocimiento y que proporcionaban más recursos.[28]

Ese desplazamiento de las prioridades trajo consigo un movimiento paradójico, en la medida en que los valores dominantes

28. «El tiempo y el espacio ya no formaban las coordenadas de un hogar para el hombre moderno —como afirmaba Daniel Bell—, sino la inmediatez, la sensación, el movimiento, la conexión.»

pasaron a ser aquellos que emanaban de la contracultura. Lo que Daniel Bell, uno de los críticos conservadores por excelencia, había advertido respecto de los años sesenta y setenta, se plasmó de manera definitiva décadas después. Su idea de que «el esfuerzo de la cultura antiburguesa por lograr autonomía respecto a la estructura social, primero, negando los valores burgueses en la esfera del arte y, segundo, creando enclaves donde el bohemio y el vanguardista pudieran vivir un estilo contrario a la vida», tomó cuerpo en el ambiente de la gran urbe.[29]

Del mismo modo que el bohemio quería construir un espacio al margen de la sociedad para no verse afectado por unas normas que entendía restrictivas y limitadoras, la nueva cultura empresarial necesitaba un mundo que no quedase atado por las costumbres sociales. Las grandes figuras de la tecnología, desde Steve Jobs a Elon Musk, así como los grandes referentes financieros, encarnaban ese genio que emergía por encima de la vieja concepción empresarial, la de la repetición, la monotonía, la cadena de montaje, el trabajo burocrático en la oficina, el simulacro de relaciones sociales verdaderas pervertidas por la falsa afabilidad de los vendedores. Las personalidades empresariales eran capaces de reconvertir las compañías en mecanismos mucho más exitosos y rentables gracias a su talento, por lo que constituían la cúspide de las grandes ciudades: eran aquellos que pensaban fuera de la caja. Para preservar ese espíritu, las élites de las megalópolis construyeron un espacio al margen en el que la movilidad, la iniciativa y el talento podían escapar de las reglas comunes, demasiado dadas a la medianía.

Los pilares de esas zonas liberadas los pusieron nuevos ideales que fluían hacia abajo. Mensajes como «vive tus sueños», «explota tu potencial» o «conviértete en aquel que eres» dieron forma a las creencias más difundidas. Eran proclamas que incitaban a conseguir una posición de visibilidad y de diferencia, de lejanía respecto de la conformidad gris de la mayoría de la gente. Contenían un elemento claramente aspiracional que no se limi-

29. Bell, Daniel, *Las contradicciones culturales del capitalismo*, Alianza, 1997, p. 62.

taba a la consecución de un mayor número de recursos, sino que hablaba de un yo distinguible. Lo común, lo normal, lo habitual, se convirtió en mercancía depreciada. Esa concepción vital según la cual el esfuerzo, la persistencia, la regularidad fiable y la experiencia eran valores importantes en el mercado laboral y en la vida personal perdió peso frente a las explosiones de brillantez, talento y genialidad, cuando no de la mera apariencia. Las ideas sobre la buena vida también se vieron transformadas, porque la realización no transitaba por el camino que lleva de la ignorancia al conocimiento, del caos a la comprensión de las causas y de la desorientación a un propósito vital y a un lugar sereno en el mundo, sino que se vehiculaba a través de la autoafirmación del yo y de acumulación de capital simbólico. Es así que la ética del estatus sustituyó a la del trabajo. La forma de inmortalidad era la riqueza intergeneracional: acumular los suficientes bienes como para que las generaciones posteriores no pudieran agotarlos.

También se conformaron nuevos grupos sociales, establecidos ahora a través de la afinidad. Las conexiones crecientes permitían escoger la gente con la que encontrarse: no se estaba atado a las personas cercanas, podían construirse esferas de relación con aquellos que tenían una forma de pensar y de vivir similar.[30] Estas formas de reunión reorganizaron la geografía urbana: se construyeron espacios específicos, desde urbanizaciones privadas hasta parques empresariales pasando por los clubes de encuentro, que reunieron a las personas de clases altas. Los espacios de las capas medias, como los PAU en España, o las zonas gentrificadas para las clases medias formadas, fueron dibujando cotos en los que cada grupo se encontraba con los suyos.

Por supuesto, las clases medias bajas y las populares se fueron alejando de sus viejas comunidades, que se habían confor-

30. Compartir la afinidad respecto de un gusto musical, de la práctica de un deporte, de la afición a la moda, de las formas de la alimentación, de una tendencia en estilo de vida o de una corriente ideológica reúnen a los colectivos mucho más que las formas tradicionales ligadas a la convivencia o al parentesco.

mado mediante la militancia política y sindical, la adscripción religiosa o la participación en la vida del barrio, y fueron acogiendo los elementos simbólicos de prestigio que emanaban de las élites. Se notó especialmente en dos terrenos, el consumo y la autorrealización. En primera instancia, estar o no integrado no procedía de cumplir unas normas morales sancionadas por la comunidad, sino del cumplimiento de los estándares de consumo,[31] como la posesión de un iPhone, de ropa de marca determinada, de un tipo de automóvil, etc. Ese consumismo emanaba de un deseo aspiracional, de un deseo de estatus, que era continuamente reforzado por las personalidades populares, desde artistas de éxito a comunicadores digitales. Del mismo modo, la sensación de haberse quedado fuera del circuito de los ganadores quedó marcada por las dificultades para acceder a tales estándares, establecidos como norma social por la publicidad, los programas de televisión, las redes sociales y la distribución masiva.

El otro gran cambio provino de la necesidad de autorrealización, que se convirtió en uno de los grandes deseos de las nuevas generaciones, que pretendían alejarse de los empleos menos cualificados y de aquellos a los que sentían que nada les unía. El trabajo como identidad condujo a una derivada aspiracional, la búsqueda de posiciones en empresas reconocidas y prestigiosas que ofrecían una marca por sí mismas. Ser contratado por una firma con peso simbólico permitía que la personalidad quedase adscrita al éxito: trabajar en una gran consultora, en una firma cotizada o similares ponía ante los ojos de los demás que se estaba triunfando en la carrera profesional. Esa idea de la autorrealización funcionaba en todos los estratos, desde las clases obreras hasta las medias altas, y tanto en la búsqueda de la realización artística o profesional como en la personal: incluso las mujeres de las clases altas se reconvertían en decoradoras, *coaches*, expertas en pilates o bienestar emocional, en *influencers*: ya no eran amas de casa que aceptaban pasivamente su situación, sino personas con cualidades especiales que aportaban un valor diferencial.

31. Fourquet, Jérôme y Cassely, Jean-Laurent, *op. cit.*

Este conjunto de factores, con su división entre las personas brillantes y las «normales», los espacios de acceso restringido en las ciudades globales, la insistencia en la autorrealización, el poder simbólico del consumo y la adopción de nuevas pautas de comportamiento cambiaron de forma radical la sociedad, tanto en su organización espacial, como en la económica y en la cultural. En estos pilares se asentaron los grandes valores dominantes en Estados Unidos, y por tanto en Occidente, durante las décadas pasadas.

El agotamiento

El orden creado por las ciudades resultó tremendamente exitoso. Las cifras macroeconómicas indicaban crecimiento y empuje, las bolsas subían, las grandes empresas ofrecían sustanciosos dividendos, el orden parecía bien establecido. La ortodoxia insistía en que los intercambios mundiales de bienes y servicios habían generado una época de estabilidad general: la paz del comercio se imponía a los nacionalismos guerreros. La arquitectura internacional se estaba reconstruyendo mediante la expansión de la democracia, de modo que el respeto a los derechos humanos iba a ser cada vez más generalizado.

El freno en seco de aquellas fantasías constituyó el centro de la campaña que llevó de nuevo al poder a Trump. Esa estructura volátil según la cual las ideas, la tecnología, la propiedad intelectual e industrial dominarían sobre la geografía, la demografía y los Estados no ha resultado tan eficiente como se prometía: ha debilitado a Occidente y ha causado profundas perturbaciones internas.

El orden de la globalización había prescindido de la necesidad de una población fija y creciente: como el *just in time* con las mercancías, estaba sujeta a ajustes. Si se precisaba mano de obra, era fácil buscarla en lugares lejanos trasladando las fábricas o los centros de servicios; si era necesaria para realizar las tareas cotidianas, aquellas que no podían ser deslocalizadas, se podía importar población de otros lugares mediante la inmigración. El resultado es que los países occidentales sufren un déficit de población en muchas localidades, que suelen estar habitadas por jubilados, funcionarios y prestadores de servicios sanitarios o educativos. Sus jóvenes emigran porque no encuentran empleo o posibilidades de futuro. Al mismo tiempo, los países occidentales han visto envejecer a su población, sus tasas de natalidad son bajas y suelen recurrir al flujo constante de inmigrantes para sostener la economía, lo que produce fricciones culturales. Estados Unidos es un buen ejemplo: es un país forjado por emigrantes en el que la hostilidad hacia los que vienen de fuera es una fuente de tensión política. Ocurre incluso entre los inmigrantes ya instalados, que entienden que la llegada de más personas generará un descenso en su nivel de vida: el ejército laboral de reserva puede llevarlos a perder su trabajo o a aceptar salarios a la baja.

La idea de que la demografía ya no era importante generó beneficios a partes pequeñas pero significativas de las clases altas occidentales, pero ha acabado dejando huellas muy negativas para el conjunto de la población, ya que esa reorganización económica terminó empobreciendo a las clases medias y trabajadoras. Al mismo tiempo, también produjo efectos en el ámbito internacional: países como China o India tienen muchos millones de habitantes, lo que les permite contar con grandes cantidades de mano de obra (de toda clase) y de consumidores. Ucrania ha tenido un problema a la hora de afrontar una guerra de desgaste con Rusia, ya que su número de habitantes es tres veces y media menor; le hacían falta soldados con los que no contaba. Estados Unidos puede amenazar con aranceles porque pueden cortar el acceso a un mercado con muchos millones de clientes con poder adquisitivo. La fuerza de una población numerosa vuelve a estar en el centro, ya que introduce una desventaja comparativa: un país sin la población suficiente dispondrá de ejércitos más débiles, mercados peor dotados y menos trabajadores de los necesarios.

En segundo lugar, la afirmación de que la distancia era irrelevante, tampoco encontró correspondencia en su aplicación práctica. Toda clase de inconvenientes ligados a esta creencia se han dejado sentir, casi escalonadamente, a partir de la crisis de 2008. La ortodoxia señalaba que la pérdida de poder adquisitivo de las poblaciones occidentales causada por las deslocalizaciones no era relevante, porque podrían compensarse los salarios más bajos del sector servicios con la importación de bienes de consumo baratos y con la concesión generalizada de crédito, lo que haría factible conservar un nivel de vida razonable.

Sin embargo, la salida de la crisis supuso el fin del crédito masivo, lo que generó muchas dificultades a las poblaciones con menos recursos, y más en un momento en que creció el desempleo. Y, justo en ese instante, se constató cuánto habían cambiado las cosas: si durante el estado del bienestar, los bienes de primera necesidad eran asequibles y los de consumo tenían un coste relativamente elevado, en la época global el movimiento fue el inverso. Las viviendas, la energía, el transporte o los alimentos incrementaron su precio y los bienes secundarios se abarataron. Pero como los primeros significaban una gran parte del presupuesto familiar, se favoreció el empobrecimiento de las clases medias, la mengua o desaparición de los ahorros familiares y el empeoramiento del nivel de vida de las clases trabajadoras. Llevar las cosas lejos produjo efectos indeseables para buena parte de los habitantes de Occidente.

La pandemia retrató cómo la distancia tenía inconvenientes serios, y lo hizo de manera cruel. En el instante en que más se necesitaban productos sanitarios, desde mascarillas a respiradores, no estaban disponibles. La idea del control eficaz sobre las cadenas productivas, y de la validez del *just in time*, desapareció en aeropuertos en los que se subastaban los suministros sanitarios en la misma escalerilla del avión. Los países occidentales se afanaban en conseguir artículos que en ese momento resultaban de primera necesidad y descubrieron que, al no fabricarlos, no sólo había escasez de ellos, sino que costaban mucho más caros.

La guerra de Ucrania fue perturbadora porque ha señalado de manera nítida, al desorganizar las cadenas de suministro, los efectos de la escasez de bienes y materiales, pero también porque ha dejado claro que producir fuera para conseguir bienes baratos no es buena idea. Al fabricarse lejos, sus precios resultan muy sensibles a los costes del combustible y a los del transporte, así como a la presión de la demanda global. La inflación se ha disparado, y sus efectos han recaído sobre poblaciones ya empobrecidas por el aumento de precios en bienes esenciales que había acontecido en crisis anteriores. Lo barato ha dejado de serlo.

Por si no fuera bastante, la guerra ha subrayado la pérdida de capacidad de los Estados. La falta de armamento básico, incluida la munición, ha demostrado hasta qué punto resortes esenciales habían quedado en manos de proveedores lejanos. El giro interior que inició Trump en 2016 y que Biden prosiguió durante su mandato estaba directamente relacionado con esta realidad: un Estado que no tiene en sus manos los instrumentos estratégicos que aseguran su potencia es un Estado decadente.

La pérdida de legitimidad

El debilitamiento de las dos principales creencias de la era global, la demografía y la escasa importancia de la cercanía, ha abierto grietas significativas en la política. A menudo, los ciudadanos se sintieron determinados por decisiones que se tomaban en lugares distantes y que no tenían en cuenta sus necesidades. Ocurrió en las regiones occidentales vaciadas, que se rebelaron contra sus capitales; en los Estados europeos que combatían a Bruselas; y en las potencias emergentes que se incomodaron con el orden global vigente. Las preguntas se formulaban en términos muy diversos, pero se referían a lo mismo: ¿por qué la Unión Europea decide lo que hacemos con nuestro dinero o sobre la validez de nuestras leyes? ¿Por qué Washington decide cuál es nuestra política económica y no nosotros? ¿Por qué Madrid determina los recursos catalanes? ¿Por qué debemos estar sometidos a un orden internacional tejido por Occidente? En niveles muy distintos, la sensación de estar sujetos al dominio de personas y entidades muy lejanas espacialmente ha tendido a reforzar el sentimiento territorial en muy diferentes niveles: ha impulsado la exigencia de multilateralismo en el ámbito internacional, el nacionalismo en la Unión Europea y la hostilidad de las regiones en declive respecto de las urbes globales.

La historia ratifica la potencia de ese sentimiento de ajenidad: la creencia de que unos grupos no deben ser gobernados por otros está en la raíz del nacionalismo,[32] por lo que habría resultado extraño que éste no reapareciese. La reafirmación de lo local ha venido de la mano de una resistencia política que no se fragua en términos puramente materiales o culturales, ya que ambos aspectos se reúnen en opciones ideológicas que se apoyan en el poder evocador del territorio. En Europa y en Estados Unidos, el descontento de las regiones en declive ha encontrado en el nacionalismo y en el regreso del Estado una salida que ha sido planteada en términos de recuperación de la identidad y de la seguridad, pero también como reversión de la decadencia. La reindustrialización prometida por Trump, el proteccionismo y la apuesta por una nación más fuerte, no son más que la expresión de una reunión: la nación emerge como protectora de los perdedores. Esto lo entendieron bien las derechas, que se apoyaron en el reforzamiento del territorio como promesa de una vida económicamente más próspera.

Esta lucha de la nación frente a la ciudad global se ha visto reforzada por la pérdida de legitimidad de las grandes urbes. El orden que las unía, al desprenderse de los vínculos enraizados, sólo podía apoyarse en una promesa de desarrollo y bienestar económicos (y ése era el nuevo contrato social).[33] Las élites que dominaban esos lugares, los *best and brightest*, justificaban su posición por su teórica habilidad para aumentar los recursos. Cuando se hizo evidente que su proyecto no funcionaba, no sólo quedaron expuestas las brechas entre territorios: también

32. «Es una de las principales razones por las que los imperios multinacionales de los Habsburgo y el otomano no perduraron más allá de 1918 y 1922 respectivamente; también explica por qué la Unión Soviética y el Pacto de Varsovia se desmoronaron.» <https://foreignpolicy.com/2024/08/06/trends-war-drones-identity-gaza-ukraine-houthis/>.

33. Krein, Julius, «America after neoliberalism. New Statesman». <https://www.newstatesman.com/the-weekend-essay/2023/12/america-after-neoliberalism>.

las tensiones en el interior de las ciudades salieron a la superficie.

La urbe global continúa siendo, más que nunca, el espacio en el que aparecen oportunidades, el que ofrece los mejores empleos, en el que las opciones de prosperar son mayores. Pero, al mismo tiempo, ese efecto llamada provoca que el coste de la vida sea más exigente. Las dificultades para una subsistencia digna suelen resaltarse respecto de los jóvenes y de las clases con menos recursos, pero son comunes para una parte significativa de la población. El deseo aspiracional de quienes acuden a la ciudad no se ve correspondido con un nivel de vida acorde, no ya a las expectativas, sino a las necesidades. Es habitual trabajar en un sector con relativo prestigio social y que lo percibido sea escaso, o que sólo resulte satisfactorio durante una etapa de la trayectoria profesional. Además, la vida en la ciudad ofrece muchos menos logros de los que promete: el estancamiento de las carreras, los altibajos, las rupturas traumáticas y la falta de continuidad han generado recorridos vitales quebrados con demasiada frecuencia. La dualización del trabajo cualificado, con cada vez más mano de obra insuficientemente pagada, y la ausencia de opciones reales de ascenso hacen que la vida en la gran ciudad esté llena de experiencias amargas. Ambos elementos, la defraudación de las expectativas y el descenso en el nivel de vida, son factores esenciales en los cambios políticos de los últimos años, ya que prenden el fuego que aviva todos los incendios.

Esa detención económica ha generado también una significativa pérdida de legitimidad cultural e intelectual respecto de las clases dirigentes.[34] Se nota especialmente en el malestar hacia los expertos y hacia los burócratas, pero también en el cre-

34. Un poderoso momento simbólico de este alejamiento lo ofreció Trump en la campaña electoral. Entrevistado por John Micklewaith, editor de Bloomberg y uno de los grandes promovedores del orden global, el republicano le espetó «os habéis equivocado en todo, tú y la gente de *The Wall Street Journal*». Fue una contestación completamente inusual: nadie se había atrevido desde posiciones de poder a plantar cara al *establishment* económico de aquella manera. Es un tipo de afirmación que sólo puede pronunciarse con éxito cuando el espíritu de la época ha cambiado por completo.

ciente descreimiento hacia la ciencia. Y se ha apreciado de manera muy significativa en el terreno de los valores. Las esferas cualificadas, las que más firmemente confiaron en las posibilidades de un mundo abierto, se apoyaban en una serie de convicciones que tenían difícil encaje social. No sólo por la oposición rural-urbano en las costumbres, siempre activa, sino por la configuración de un ideario individualista, dado al exceso y a la glorificación del vencedor, que rechazaba el arraigo ideológico o existencial, lo que era percibido con mucha hostilidad por una parte significativa de la población. Al mismo tiempo, la idea de que no se había profundizado lo suficiente en los valores de apertura y libertad produjo demandas más atrevidas referidas al cuerpo, al género o la raza, que fueron defendidos por los sectores progresistas como una necesaria actualización de las costumbres. Al decaer la influencia de las ciudades, estas aspiraciones también perdieron aprecio social, e incluso provocaron una reacción en sentido contrario. Lo *woke* generó un *antiwoke* que incitó el desdén respecto de las convicciones dominantes en las grandes urbes.

Por último, el orden de las ciudades globales se mostró poco eficaz frente a los desafíos externos, ya que confiaba excesivamente en su capacidad de control de las perturbaciones. Su arma última eran las sanciones económicas, que se utilizaron en distintos momentos de la era global. Sin embargo, llegada la hora de la verdad, como ha sido la guerra de Ucrania, demostraron una escasa efectividad: perjudicaron más a quienes las habían dictado, los países europeos, que a aquellos contra los que se dirigían, los rusos. Era normal que su efectividad última resultase reducida, no sólo porque no lograron una aceptación internacional generalizada (muchos Estados condenaron la invasión, pero no respondieron adoptando las sanciones, ya que no venían ratificadas por la ONU), sino por la mala lectura de la realidad. La economía rusa era débil si se analizaba bajo los parámetros habituales, pero disponía de recursos naturales en abundancia y tenía una capacidad productiva bélica real. Contaba con productos de primera necesidad que podía intercambiar en un mercado global que los necesitaba; su fortaleza no consistía en vender marcas de ropa fácilmente sustituibles, o teléfonos móviles baratos, o aplicaciones de comida a domicilio, sino bienes reales y sólidos, como la energía.

Ese hecho permitió que Rusia encontrase nuevos canales para distribuir aquello que producía, y que países como China, India o Emiratos Árabes Unidos aprovecharan el contexto para obtener beneficios: compañías navieras, aseguradoras y comercializadoras, incluso algunas occidentales, pudieron sortear las sanciones.[35] Una vez que se poseían los bienes, se podían encontrar métodos para evitar los controles: incluso se encontraron caminos alternativos al dólar, al euro y al sistema de pagos SWIFT.

Fue la demostración última de que el mundo de las ideas, la lejanía y la propiedad inmaterial era ineficaz a la hora de contener las amenazas. Al perder de vista la producción, lo sólido, la cercanía, la demografía y la cohesión, su capacidad sancionadora decayó sustancialmente.

Todos estos aspectos eran las señales evidentes de un orden que se desvanecía. La estructura de las grandes urbes dio forma a la indiscutida hegemonía estadounidense en la era global, la que abogaba por el tránsito fluido de capitales, mercancías y servicios y la creación de una cultura común. Todo eso se rompió con el golpe sobre la mesa dado por Estados Unidos. Y una vez que el plan decayó, lo que ha aparecido es justo lo opuesto: la vuelta de los nacionalismos, las grietas en la economía de la globalización y el regreso a los elementos clásicos de los Estados, como la población, los recursos naturales, la fuerza militar y el vigor económico.

En este escenario, es fácil entender por qué las derechas se imponen a las izquierdas. En la medida en que las tensiones entre las clases con más recursos y las que tienen menos ha pasado discursivamente a un segundo plano, y en que los territorios han cobrado una mayor importancia a través del enfrentamiento entre la nación y la ciudad global, la política ha quedado reconstruida de un modo peculiar. Si la ideología estuvo conformada

35. <https://www.nytimes.com/2024/02/16/briefing/russian-sanctions.html>.

por la tensión entre capital y trabajo en las décadas centrales del siglo XX, para después dejar paso al liberalismo, ahora regresa como lucha de territorios.

Las derechas llevan ventaja porque entendieron el potencial político de la soberanía. Los partidos socialdemócratas y del resto de las izquierdas occidentales habían apostado por profundizar en el orden de las ciudades, por más conexiones, más flujos de capital y personas, por lo que no pudieron conectar con las clases medias y trabajadoras de los territorios en declive. Su posición como defensores de una globalización difusa les ha dejado en un espacio que pertenece más a la pasada década que a la actual. Pero para comprender el tirón que ha supuesto en la escena política el cambio de eje hacia la nación, hay que constatar antes su arraigo y su profundidad.

3

El poder de los territorios

El regreso del nacionalismo y con él, de la importancia de la soberanía, ha sido descrito como altamente preocupante por el *establishment* liberal, que percibe una línea granítica que une el anclaje nacional, el abandono de las reglas globales y los liderazgos autoritarios. Sin embargo, hay demasiada niebla detrás de una retórica que impide ver cómo los Estados que más rédito han obtenido de la globalización son precisamente aquellos que la han aprovechado en términos nacionales.

China es el caso más evidente, ya que su irrupción en el comercio global se realizó a través de una planificación sistemática que le permitió convertirse en el proveedor del mundo, intensificar los vínculos exteriores, captar tecnología y desarrollarse como gran potencia. Estados Unidos también operó en términos propios, aunque utilizase de manera permanente los argumentos favorables a la globalización. Ésta no era más que un sinónimo de la hegemonía estadounidense, y Washington aprovechó de manera decidida su posición de dominio, aunque pusiera el acento mucho más en mejorar las cuentas de sus empresas que en desarrollar su territorio. Gracias al papel del dólar como moneda de reserva, enormes cantidades de capital de muchos países del mundo fluyeron hacia Estados Unidos y se refugiaron en sus bonos, en sus firmas de inversión, en sus mercados y en sus bienes raíces, lo que impulsó la preeminencia de su sector financiero. El tecnológico también resultó particularmente favorecido, ya que pudo desarrollarse en las etapas iniciales, cuando sus firmas arrojaban pérdidas un año tras otro, gracias a esa masa de dinero global. Sin esa posición de privilegio, no habría sido posible el enorme crecimiento de las compañías estadounidenses.

Los subsidios alemanes provinieron de otro lugar. La existencia del euro permitió a Berlín gozar de superávits permanentes sin que su moneda se apreciase, y, por tanto, sin que se redujera la competitividad de sus empresas. El auge de la industria germana está directamente relacionado con las políticas de «empobrecer al vecino» que han sido dominantes en la Europa del euro. También sus firmas financieras salieron beneficiadas: en las épocas de dificultad, fueron los gobiernos (y los ciudadanos) de otros países del continente, en especial los de sur, los que abonaron los costes de su nefasta política de inversión en el sector inmobiliario y en los derivados de los bancos estadounidenses; gracias a que otros pagaron la cuenta, Alemania continuó gozando de un papel central y de una economía saneada. Cada cual obtuvo lo que buscaba: Estados Unidos, su dominio tecnológico; China, el desarrollo de sus capacidades productivas y una posición como imperio de relevo; y Alemania, superávits permanentes y una industria boyante, al menos hasta ahora. Todo fue gracias a la fuerza de sus Estados.

Ese orden ha saltado por los aires, pero las semillas del nuevo escenario crecieron en los viejos terrenos: las derivas actuales no son más que la intensificación de las direcciones que ya estaban presentes en la era global. Tampoco los movimientos políticos que hoy están en auge han surgido de una ruptura con los tiempos anteriores, ya que su embrión estaba incubándose desde inicios de siglo. Las derechas populista y extrema son difícilmente reconducibles a la unidad y muestran formas y contenidos muy dispares según el país en el que radican. Sin embargo, hay una serie de asuntos en los que coinciden: la importancia de la soberanía, el afianzamiento del nacionalismo, el anclaje en valores culturales tradicionales, los apoyos religiosos y la importancia de la defensa frente a los peligros exteriores, incluida la inmigración.

Hubo un país, exitoso en la era de la globalización, en el que estas ideas fueron plenamente comprendidas. Israel es un Estado que, por su naturaleza, nunca ha renunciado a poner el nacionalismo en primer lugar. Su origen, su historia y las permanentes dificultades para asentarse en una región hostil, han forzado a que los aspectos relacionados con la importancia y la supervivencia del Estado hayan figurado siempre en primer lugar.

Para una nación como la israelí, la demografía siempre ha sido esencial. Cuenta con, aproximadamente, nueve millones y medio de habitantes, de los cuales siete son judíos, dos árabes israelíes y el medio millón restante está compuesto por cristianos no árabes y personas no adscritas a ninguna religión. Con una población escasa, la natalidad es muy relevante, ya que es la condición de posibilidad de reproducción del Estado. Si su población menguara, sus posibilidades de supervivencia disminuirían. Por los mismos motivos, su visión sobre la inmigración es ambivalente, ya que otorga la nacionalidad y una serie de ayudas a los judíos que decidan mudarse a Israel (siempre que no supongan «un peligro para la salud pública, para la seguridad estatal o para el pueblo judío en su conjunto»), pero la migración no judía es entendida como una posible amenaza a su identidad.[36] El impacto que podría tener en su composición demográfica una inmigración elevada convierte el asunto en una cuestión de seguridad nacional. La cohesión interna presupone un núcleo poblacional que comparta los valores que dieron nacimiento al Estado de Israel.

La economía es otra cuestión relevante, en la medida en que el país no puede cerrarse al exterior. Precisa de la globalización y de la apertura comercial para que sus empresas sean exitosas, ya que, con un mercado interior tan limitado, sus compañías difícilmente alcanzarían un gran desarrollo. Al mismo tiempo, por sus circunstancias especiales, tampoco le es posible confiar en la paz del comercio. Necesita asegurarse capacidades propias en todos los ámbitos; desde luego, en cuanto a seguridad y armamento,

36. <https://www.politicaexterior.com/migracion-y-doble-moral-en-israel/>.

pero también en la agricultura y el abastecimiento de agua, así como en otros bienes esenciales.

La manera de resolver esta doble necesidad de seguridad y de apertura hacia el exterior ha venido por dos caminos. La tecnología fue clave en su evolución, y señala otro de los casos en los que el impulso estatal ha resultado decisivo a la hora de construir una economía exitosa en el entorno global. El ejecutivo israelí invirtió sistemáticamente en el desarrollo de la innovación, activó planes amplios en la inversión público-privada, impulsó un número elevado de *start-ups* y fomentó la participación en su accionariado de fondos de inversión. La captación de capital fue una de sus prioridades, como lo fue la capacitación de su mano de obra (cuenta con un número elevado de ingenieros y de físicos).

En segundo lugar, Israel es un país que requiere de recursos frecuentes para sostener sus sistemas de seguridad y para impulsar el desarrollo de la innovación. Para conseguirlos, dio un giro en su economía, que pasó de un modelo que contaba con un alto componente socialdemócrata, y que tuvo su máxima expresión en esa mezcla nacionalista de sionismo y de socialismo bajo la que se crearon muchos kibutzs, a otra altamente liberalizada.[37]

Netanyahu fue clave a la hora de seguir esa senda. Llevó a cabo, primero como titular de Finanzas con Ariel Sharon y más tarde como primer ministro, privatizaciones de bancos y de servicios públicos, recortes de impuestos y fuertes reducciones de gasto público. El propósito era liberar recursos para atraer capital, para lo que tejió una red de buenas condiciones fiscales, redujo la protección laboral y aportó capital estatal para que las firmas se desarrollaran en sus etapas iniciales. Israel se convirtió en un modelo de economía exitosa, ya que logró revertir su déficit comercial, acumular grandes reservas de divisas, especializarse en innovación y tecnología y disponer de recursos para seguir creciendo.

37. Richard Perle, un neoconservador en la administración de Bush Jr., apuntó el camino que se debería seguir en un artículo titulado «A Clean Break: A New Strategy for Securing the Realm» [Una ruptura limpia: una nueva estrategia para asegurar el reino].

Esa mezcla de apertura hacia el exterior y afianzamiento de las capacidades nacionales resulta especialmente nítida en el ámbito cultural. En realidad, Israel contiene dos países, que se reflejan en las diferencias simbólicas entre Tel Aviv y Jerusalén. La primera es una ciudad moderna, tecnológica, emprendedora y financiera, cosmopolita y de costumbres abiertas, lo que se deja sentir en su arquitectura, en sus espacios de ocio y en la vitalidad de su cultura; la segunda está anclada en sus raíces y en la historia, en las tradiciones y en los vínculos religiosos, en la conexión con el territorio. Tel Aviv representaba la apertura al mundo y la necesidad de las conexiones globales; Jerusalén, la seguridad, la defensa de las fronteras y la identidad. Esas dos naciones convivían en una; ambas tenían como proyecto fundamental la supervivencia de Israel, pero sus visiones sobre cómo conseguirlo eran distintas. El comerciante y el productor, el colono y el experto tecnológico, el nómada y el sedentario, compartían el mismo espacio. El tipo de vida cotidiana por el que cada uno de ellos abogaba era distinto, al igual que sus costumbres sociales y su ideario; el papel de la mujer, los derechos LGTBI, el peso de la religión y tantas otras cosas les separaban, pero les reunía la idea de Israel.

Tel Aviv y Jerusalén eran dos proyectos complementarios; la primera era útil para desarrollar su economía y su prosperidad, y la segunda, para asegurar su cohesión y su identidad. Con el paso de los años, y en especial desde la llegada al poder de Netanyahu, Jerusalén fue ganando peso. La divergencia entre ambas formas de ver el mundo se apreciaba en un punto muy espinoso, la relación con los palestinos. Netanyahu ascendió al poder a consecuencia del rechazo a los acuerdos de paz que se habían firmado en Oslo. El orden internacional, y en especial la potencia hegemónica, Estados Unidos, había presionado para que se suscribieran, pero había una parte de la sociedad israelí que rechazaba por completo la hoja de ruta fijada. El gobierno de Netanyahu incorporó a cada vez mayor parte de las derechas israelíes, que no deseaban de ningún modo un acuerdo de dos Estados. En ese equilibrio entre los militares y los comerciantes, los primeros fueron ganando peso.

El papel preeminente que consiguió la perspectiva de Jerusalén se extendió fuera de sus fronteras, lo que permitió a Netanyahu forjar nuevas alianzas internacionales. Viktor Orbán fue el dirigente europeo que mejor entendió el cambio que había tenido lugar. La población de Hungría, con alrededor de nueve millones y medio de habitantes, es más o menos la de Israel. Su posición geográfica, sin salida al mar, y con escasos recursos naturales, limita su crecimiento.

Es, por tanto, un país favorable a la globalización, y está peleando para evitar que ésta se resuelva en forma de una nueva política de bloques, ya que su propósito es establecerse como *hub* de conexión entre Alemania, el este de Europa y China. Pero también es un Estado alineado con los Estados Unidos de Trump, porque Orbán siempre ha apostado por el nacionalismo y la identidad. Sus problemas con la inmigración no provienen sólo de su carácter de frontera de la Unión Europea respecto de quienes huían de los conflictos de Oriente Medio, sino que están relacionados con el mantenimiento de la cohesión identitaria de una nación. Con una población escasa, la llegada de un buen número de inmigrantes alteraría sus señas de identidad, algo que quiere evitar a toda costa. Las políticas de incremento de la natalidad, con subsidios frecuentes, son una manera de reforzar su población autóctona. Los problemas de Israel eran bien comprendidos por Orbán, a quien le sonaba muy bien su mezcla de liberalismo, globalización y canales abiertos, junto con el afianzamiento del nacionalismo y la identidad. Las tensiones de Hungría con la Unión Europea son bien conocidas.

Orbán y Netanyahu se convirtieron pronto en aliados y compartieron intereses.[38] El líder húngaro había afrontado acusaciones de antisemitismo por su oposición expresa a George Soros y al papel que Open Society estaba jugando en Europa del Este, pero desaparecieron pronto: Soros era Tel Aviv, Netanyahu era Jerusalén, y Orbán compartía con éste el deseo de supeditar Tel Aviv a Jerusalén. Hubo, además, propósitos prag-

38. <https://www.direkt36.hu/en/az-izraeli-szovetseg-ami-atirta-orban-politikajat/>.

máticos en esa nueva relación. Netanyahu entendió que debía recabar nuevos apoyos internacionales, más allá de Estados Unidos, que pudieran apoyar sus intenciones, y Orbán fue uno de los más fieles, tanto en Naciones Unidas como en la Unión Europea. La posición europea respecto de Palestina no encajaba con el propósito de Netanyahu, que veía a los europeos demasiado hostiles con los israelíes y demasiado complacientes con los árabes.

Más allá de la conveniencia y del pragmatismo, la manera de ver el mundo de ambos líderes tenía muchos puntos en común. El renovado Grupo de Visegrado, que también integraban Polonia (con los nacionalistas Ley y Justicia de los hermanos Kaczyński), Eslovaquia y Chequia, fue un puntal relevante para esa mezcla de capitalismo, apertura y nacionalismo institucional. Todos ellos compartían la importancia del Estado nación, eran económicamente liberales, pretendían aprovechar las conexiones globales y aspiraban a asentar la identidad de sus países en tiempos en que las costumbres se estaban uniformando. Las exigencias de la Unión Europea les parecían inapropiadas e invasivas, por lo que pelearon por una mayor soberanía. Además, miraban a Israel como un modelo a seguir: era el ejemplo de una exitosa transformación capitalista, de derechas y nacionalista.

Ese modelo consiguió seguidores en muchos lugares, incluida la Rusia de Putin. En la evolución que sufrió el país, cada vez prestó más atención a la continuidad de la cultura nacional, a su identidad, al rechazo de las costumbres occidentales y al poder del Estado nación a la hora de dictar sus propias normas.

Todo esto ocurría en la década de los diez, tras una crisis económica que había minado sustancialmente el ánimo y las economías de las poblaciones occidentales, que había otorgado más peso internacional a China, en el comercio y en la política, y que avisaba de que la era global estaba encontrando resistencias notables. Países como Turquía, India o Arabia Saudí estaban acogiendo esa mentalidad nacional con fuerza. Cuando se produjo el Brexit y Trump llegó al poder, esa posición penetró en el centro del sistema: Estados Unidos, el país hegemónico, estaba liderado por un presidente que hacía del nacionalismo su emblema, rechazaba la inmigración y apostaba por la tradición cultural y religiosa. La reacción occidental a las fallas del sistema comenzó a tomar forma desde la visión nacionalista que se había desarrollado en países de pequeño tamaño.

De la lucha de clases a la lucha de territorios

El giro en Estados Unidos fue un movimiento disruptivo, que se ha consagrado del todo en la segunda era Trump, y que respondía a las perturbaciones en el orden internacional. La más importante, la china, consistió en aprovechar la globalización en beneficio propio y a través de una perspectiva nacionalista muy diferente de la occidental.

El crecimiento chino ha sido producto de una estrategia aplicada durante décadas. En esa tensión entre la ciudad y el territorio, entre lo global y el Estado, Pekín nunca tuvo dudas: apostó decididamente por lo segundo. Desde Estados Unidos se la calificó como «nacionalismo egocéntrico»,[39] ya que su sistema estaba constituido por una visión institucional que priorizaba la centralización, la unidad y la coordinación. China funcionó internamente a contrapelo de las tendencias globales, pero con la permisividad de una comunidad internacional que percibió al país como una fuente de beneficios masivos.

La posición china no se basaba únicamente en una estructura política o en un modo de gestionar sus opciones. Contenía una visión sobre la continuidad histórica que le permitió navegar por las tendencias de la época desde sus propios términos, y que la empujó hacia una evolución política en la que unía pragmatismo e ideología. El Partido Comunista chino insiste todavía hoy en que su país, por más que haya incorporado elementos decididamente capitalistas en su economía, continúa siendo un Estado comunista y, como tal, entiende la lucha de clases como eslabón clave de la historia. No ha renunciado al marxismo como forma de leer la historia y la sociedad, pero le ha aportado su propia

39. Rand Corporation, *op. cit.*

visión, ligada a su cultura, al aprendizaje de los errores cometidos por la URSS y a las necesidades del momento concreto.

El camino de salida de ese choque entre la aceptación indisimulada y acelerada de la economía capitalista y la continuidad del comunismo, en teoría irresoluble, queda reflejado de forma expresa en los estatutos del partido: «En la presente fase, la principal contradicción de nuestra sociedad es la que existe entre la creciente demanda del pueblo de una vida mejor y el desarrollo desequilibrado e insuficiente. Debido a factores internos del país y a la influencia internacional, la lucha de clases va a subsistir por largo tiempo en determinados ámbitos, siendo posible que se agudice en ciertas condiciones, pero ya ha dejado de ser la contradicción principal. La tarea fundamental de la construcción socialista de nuestro país consiste en emancipar aún más las fuerzas productivas, desarrollarlas y realizar gradualmente la modernización socialista, y mientras tanto, introducir reformas en aquellos aspectos y eslabones de las relaciones de producción y de la superestructura que no se ajusten al desarrollo de tales fuerzas».[40]

Al basar el socialismo con características chinas en la lucha de clases y redirigirla hacia el desarrollo de las fuerzas productivas nacionales, el PCCh hizo algo más que otorgar una dirección diferente a la ideología. Pekín tenía cerca la experiencia negativa de la URSS, que le había enseñado el papel central de las fuerzas productivas: como los soviéticos les dejaron de prestar la atención necesaria, su país cayó en un infradesarrollo que llevó a la falta de cohesión y a la disgregación y, con ella, a la debilidad irremontable del régimen. China actuó en sentido contrario. Entendió que el significado actual de la lucha de clases debía contar con un carácter nacional concreto: su objetivo debía ser «responder a las demandas del pueblo de una vida mejor». Mientras Occidente creía en la economía del goteo, ese crecimiento impulsado por los beneficios que obtenían los sectores con más recursos, China priorizó el crecimiento territorial, ya que sería el desarrollo del Estado lo que permitiría que el bienestar acabase derramándose sobre el conjunto de sus ciudadanos.

40. <https://spanish.xinhuanet.com/2017-11/03/c_136726615.htm>.

No sólo eran dos enfoques diferentes sobre la economía, también contenían ideas muy distintas sobre las prioridades. Mientras Occidente elegía lo inmaterial y se deshacía de la producción, China recogió ésta e hizo de ella la base desde la cual dar un gran salto adelante. Todo lo que Occidente estaba rechazando de su pasado era utilizado por Pekín. No sólo priorizó lo físico y lo sólido, con el papel central que otorgó a unas cadenas de abastecimiento (que intentó asegurar teniéndolas en el interior del país o en Estados confiables), con la construcción de numerosas infraestructuras y con el enorme desarrollo fabril, sino que lo hizo desde aquello que los regímenes liberales estaban despreciando, una dirección política fuerte y centralizada. El Estado y sus capacidades organizativas fueron esenciales. El sistema chino fomentaba la economía capitalista de una forma decidida, y a veces salvaje, pero la última palabra siempre la tenía Pekín, esto es, el Partido Comunista. No había poderes por encima del político; las ciudades no triunfaron sobre el Estado. Al actuar de esta manera, convirtió la lucha de clases en lucha de territorios, de naciones y, en última instancia, de imperios: China iba a ocupar su lugar en el mundo.

Esta conciencia estuvo presente desde el inicio. Así lo señalaba un discurso interno de 1982: «El Secretariado Central acordó por unanimidad que nuestra construcción de modernización socialista debe utilizar dos tipos de recursos, los internos y los externos; abrir dos mercados, el interno y el internacional; y aprender dos conjuntos de habilidades, organizándose para construir internamente y para desarrollar relaciones económicas externas».[41] Esta posición de «dos mercados, dos recursos», era el camino para que, en esa apertura comercial, fuera la dirección política la que conservara el poder de decisión en lugar de las potencias extranjeras, ya ejercieran éstas su poder a través de las finanzas, de las instituciones internacionales o de los políticos afines.

El propósito último de Pekín era atraer capital extranjero para «introducir por cualquier medio disponible ciencia y tecno-

41. Ibídem.

logía extranjeras avanzadas». La fuerza laboral de bajo coste china fue el cebo que utilizó para conseguir que las firmas occidentales construyesen fábricas en su país, lo que, en última instancia, permitía el acceso al conocimiento, el *know how* y la tecnología de que China carecía. Al mismo tiempo, protegió el mercado interior, de forma que las compañías foráneas no tuviesen un acceso principal a los consumidores y usuarios chinos. Existía la intención de controlar el proceso, aunque se ocultase continuamente: el lenguaje que se utilizaba de cara al exterior incluía conceptos como contratos, igualdad y beneficio mutuo.[42]

Pekín fue construyendo su potencia a través de empresas que crecieron gracias al conocimiento adquirido, y más tarde con el desarrollo de la tecnología ajena, pero sin dejar que aquello que le era propio, como su mercado, fuese tomado por empresas extranjeras. Con esos mimbres, dio pasos adelante que le permitieron fabricar tecnología propia y contar con mano de obra especializada en campos avanzados.

Fruto de esa planificación, hoy 128 países cuentan con relaciones comerciales más estrechas con China que con Estados Unidos En la última década, China ha invertido, principalmente en infraestructura, en más de 140 países; es una de las mayores acreedoras del mundo.[43] Las fábricas de China ya representan alrededor del 28 por ciento del PIB mundial y producen el 35 por ciento de las manufacturas.[44] Además de los bienes baratos en sectores como la electrónica, maquinaria, mascarillas y productos textiles, domina el mercado de las turbinas eólicas, las baterías y los coches eléctricos, con precios que no admiten competencia, y está muy bien posicionada, en algunos casos con ventaja, en la producción de vehículos autónomos, chips, inteligencia artificial y tecnología espacial. Y cuenta con una ventaja añadida: en mu-

42. <https://americanaffairsjournal.org/2024/08/competing-against-ourselves-how-u-s-policy-strengthens-china/>.

43. <https://www.ft.com/content/78f303a9-15dd-497b-a2b5-f6926492f71e>.

44. <https://www.elconfidencial.com/economia/2024-01-24/china-globalizacion-omc-fabrica-mundo-geopolitica_3816494/>.

chos proyectos, desde su inicio hasta la finalización, no sólo es más barata que Estados Unidos, también más rápida.

Los planes de expansión de Pekín se apoyan en subsidios masivos para sus empresas, combinados con precios predatorios que le permiten alcanzar una posición dominante en sectores como los semiconductores, la tecnología solar y los coches eléctricos, y asentar su gran dominio en los sectores que ya controla, como la minería, los textiles y la construcción naval.[45] El número de mercados en los que China es el país más importante es numeroso porque los productos con precios normales de otros países no pueden competir.[46]

El desarrollo chino no se limita a ampliar su crecimiento mediante su presencia en mercados exteriores y el afianzamiento del propio, sino que ha construido una gran esfera de influencia política, con una expresión evidente en la asociación de los BRICS, pero que va mucho más allá. Mientras Estados Unidos, con Europa a su lado, promovía la democracia liberal anclada en el respeto a los derechos humanos, China apostó por vincular países a su órbita con la idea de los derechos de desarrollo. La promesa a sus socios, al igual que antes la había formulado a sus ciudadanos, no tenía que ver con una posición política o moral, sino con la prosperidad compartida.

Éste es el desafío chino a la hegemonía estadounidense, en el que se incluye un orden alternativo, que denominan multilateral. Su auge ratifica un sentimiento de superioridad respecto de cómo enfrentarse a la época. Mientras Estados Unidos se percibe moralmente superior, China entiende que lo es espiritualmente: posee una organización, unos valores cohesivos y una oferta para otras naciones que le otorgan mucha más fuerza en este momento histórico.

45. <https://www.foreignaffairs.com/china/stopping-next-china-shock-friedberg>.

46. Como aseguraba al *Financial Times*, Prama Yudha Amdan, portavoz de la firma textil Asia Pacific Fibers en Indonesia, «Los productos con precios normales no pueden competir». <https://www.ft.com/content/ae517907-0244-4344-ad0a-1d029c03555b>.

La lucha de clases reconvertida en lucha de territorios implica una posibilidad de crecimiento para países con posibilidades objetivas que ya no tienen que estar sujetos a las simples necesidades estadounidenses u occidentales. Un buen número de actores, como India, Rusia, Turquía o Arabia Saudí siguen sus propios proyectos acercándose y alejándose, según convenga, de las potencias dominantes, lo que en sí mismo señala un resquebrajamiento respecto del orden de la era global. Si en la era de la guerra fría la ideología, la política y la geopolítica iban de la mano, ahora no tienen que coincidir necesariamente.

La supeditación de las élites

En puridad, los desafíos lanzados al orden internacional de la era global provienen de las dos partes ganadoras de ese orden. Pekín espera continuar aprovechando las interrelaciones y los intercambios mundiales, pero demanda una mucha mayor relevancia a la hora de influir en las estructuras de gobernanza. Estados Unidos está reaccionando a la amenaza mediante la ampliación de su poder en el mundo, aunque ese movimiento provoque una mayor debilidad de sus aliados. El tercer foco disruptivo en el orden internacional es Rusia, que aporta lecciones específicas. Los rusos han girado hacia China y Asia para ganar fuerza, pero sobre todo han entendido claramente uno de los factores esenciales para afrontar el nuevo contexto, la necesidad de cohesión interna.

Serguei Karaganov forma parte de los halcones del Kremlin. Es uno de los asesores de Putin que apuestan por la utilización de las armas nucleares, en la medida en que la situación sea tan complicada o tan provechosa que permita sacar partido del empleo de instrumentos tan brutales. Este tipo de posiciones han hecho a Karaganov relativamente conocido en Occidente, pero sus argumentos van más allá de lo bélico y apuntan una posición estratégica.

Los análisis de Karaganov señalan algunas realidades incómodas para Occidente. La primera es sobre la guerra de Ucrania.

Su diagnóstico sobre el resultado en el campo de batalla es mucho más amplio que el de la cantidad de territorio que han tomado los rusos. Asegura que la guerra ha arrojado un resultado de empate; salvo para los ucranianos, que van perdiendo, por las bajas sufridas y por el estado económico del país. La confrontación última, sin embargo, no es contra Ucrania: lo que Moscú debe dejar resuelto no es únicamente la configuración territorial y el estatus de una nación, sino la determinación y la fortaleza del nuevo orden ruso frente al occidental. El asesor del Kremlin cree firmemente que el siglo XXI pertenece a Asia, que ésa es la zona en la que su país debe apoyarse y que ese giro conlleva la pérdida de poder de Estados Unidos y, por supuesto, de unos países europeos que son los grandes perdedores del conflicto abierto.

La guerra de Ucrania, señala Karaganov, tenía dos propósitos, uno interior y otro exterior. Para realizar el giro hacia Asia, Moscú debía cohesionar internamente el país, una operación que requería un cambio de élites. La «operación militar especial» ha acelerado una transformación en las estructuras de mando, de forma que «las personas de antes», fueran expulsadas del poder.[47] Se refiere a esa serie de oligarcas, lobistas y funcionarios, intelectuales de alto nivel y clases medias altas que habían quedado fascinados por el mundo occidental. Eran «clases compradoras» que habían adoptado las estrategias, económicas y culturales de un entorno ajeno y que habían convertido Rusia en un país subordinado a las cadenas de valor dirigidas por las élites globales. El capital occidental había sido el gran vencedor, y Rusia había dejado de trabajar para sí misma; ya no atendía a las necesidades nacionales. Esa reconversión de las élites, que se hizo muy expresa a partir de la invasión de Crimea, fue tomando cuerpo durante finales de la década y se concretó de manera flagrante, a veces violentamente, a partir de la invasión de Ucrania. Putin quería unas élites alineadas con el poder político y la guerra fue una ocasión para llevar el programa a efecto. El cambio operó en tres niveles: la desvinculación del pensamiento político

47. <https://eng.globalaffairs.ru/articles/american-globalism-is-a-disease/>.

globalista occidental para trabajar en términos nacionales, el alejamiento de los expertos emanados de las clases gerenciales occidentales y la desaparición de la mentalidad característica de esas clases compradoras. Desde el punto de vista interno, concluye Karaganov, la guerra la ha ganado Rusia, porque los objetivos se están consiguiendo.

En el plano exterior, Ucrania le está siendo desfavorable a Moscú, ya que ha generado el fortalecimiento del orden occidental. La causa del conflicto bélico, así como las tensiones en otras zonas del mundo, retratan el fracaso de las élites gobernantes occidentales a la hora de mantener el curso de la globalización. China ha crecido enormemente, India asoma como potencia y el poder estratégico-militar de Rusia no ha sido debilitado; el Sur Global cada vez está más alineado con los actores emergentes, como se percibió a la hora de soslayar las sanciones occidentales por la guerra de Ucrania, y hay una nueva serie de actores que reclaman no sólo un mayor papel en la organización del orden internacional, sino un cambio sustancial en el mismo. La hegemonía estadounidense y la posición de privilegio europea se tambalean por este nuevo equilibrio, en gran medida porque Occidente está perdiendo su capacidad de absorber la riqueza mundial y de imponer su orden político y sus valores culturales. Karaganov prefiere leer los periodos temporales de manera diferente a lo que solemos utilizar: el colapso de las posiciones morales, políticas y económicas estadounidenses y europeas se está gestando desde mediados de los años sesenta; fue interrumpido por la desintegración de la URSS, pero se reanudó con renovado vigor en los años 2000 (la derrota en Irak y Afganistán y el comienzo de la crisis del modelo económico occidental en 2008 fueron hitos importantes). Con una cronología u otra, lo cierto es que ha aparecido una brecha en el orden global, y es la que están intentando cerrar tanto lo que llama las élites imperiales-cosmopolitas (representadas por los demócratas estadounidenses y por la Unión Europea), como las imperiales-nacionales (las encarnadas en Trump). Las cada vez mayores tensiones mundiales tienen que ver con las peleas entre estas dos élites, así como las de éstas con los países emergentes.

En ese escenario, la guerra de Ucrania puede haber causado pérdidas a la burguesía occidental, sobre todo a la europea, pero está beneficiando al bloque global, y en especial a Estados Unidos. La guerra ha permitido cohesionar a Occidente en torno a Washington, ha impulsado las alianzas en el Pacífico y permite a Estados Unidos lograr más beneficios, económicos y militares. La guerra de Ucrania no ha servido para poner límites a las élites occidentales, sino que ha favorecido su fortalecimiento.

Más allá de resultar una lectura de parte, lo que Karaganov señala tiene mucho de real. La causa de las tensiones en este momento de la historia, que están suponiendo una recomposición del orden mundial, tienen que ver con la imposibilidad de mantener el orden global de las últimas décadas, lo que está directamente relacionado con la tensión entre los dos tipos de élites, las comerciantes y las militares, las que defienden las ciudades y las que se apoyan en los territorios, las de la era global y las de la era imperial.

Romper los límites

El orden global se ha roto por los tirones que, en diferentes direcciones, han dado China, Rusia y Estados Unidos, cada uno en su ámbito respectivo. Pero, en ese contexto, conviene prestar atención especial a lo ocurrido el 7 de octubre. La cruel matanza ejecutada por Hamás era impensable para el pueblo israelí, no sólo por la magnitud de los atentados, sino porque vivía en un sueño de control que parecía anunciar una época de paz. Era una sociedad que creía estar protegida detrás de unas vallas físicas, pero también por las virtuales, las que había construido gracias a la tecnología. La solidez de sus sistemas de espionaje, que permitían recibir información de futuros movimientos con la antelación suficiente para desarticularlos, junto con el sistema de protección compuesto por drones, cámaras de seguridad e imágenes vía satélite, parecían garantizar su seguridad. El *shock* del 7 de octubre no vino únicamente por los asesinatos ni por la captura de los rehenes, sino por la constatación de que la invulnerabilidad no era posible.

Israel había firmado los Acuerdos de Abraham y había afianzado las relaciones diplomáticas con Emiratos Árabes Unidos, Baréin, Sudán y Marruecos. El proceso había sido animado por la administración estadounidense, durante el primer mandato de Trump. Los objetivos eran construir un tipo de paz, diferente de la firmada en los Acuerdos de Oslo, que permitiera normalizar las relaciones de Israel con los países de su zona geográfica y que impulsara a Arabia Saudí como potencia regional, relegando a Irán a un lugar secundario. El papel de Irán siempre ha sido esencial para los israelíes, en tanto potencia que apoya a las distintas fuerzas que se oponen al Estado de Israel. El anuncio de la cercanía de un acuerdo con Arabia Saudí favorecía la consecución de ese propósito.[48]

Todo eso se rompió el 7 de octubre. Puesto que los acuerdos tejidos y los instrumentos de protección no servían para garantizar la seguridad y el control, el gobierno de Netanyahu inició un camino bélico de destrucción: no habría paz hasta que se consiguiera una victoria total sobre Hamás. Con la guerra, las diferencias internas entre Tel Aviv y Jerusalén desaparecieron: la segunda había ganado la partida. El carácter existencial de la contienda estaba muy presente en la población y sólo un porcentaje pequeño, que no iba más allá del 20 por ciento, creía que la paz podía establecerse mediante una negociación. La sociedad se reunió en torno a su gobierno y las diferencias culturales sucumbieron ante las necesidades nacionales.

La reacción al 7 de octubre reunió los dos elementos, el interno y el externo, que están alterando Occidente. La revuelta contra el liberalismo, que lo es también contra el orden que había dominado desde la caída del Muro de Berlín, tiene su centro en un conjunto de valores culturales que se creían en decadencia. Autores de la derecha conservadora como Patrick Deneen habían subrayado la erosión que causó la penetración del Estado liberal en los cimientos del orden civil: todas aquellas normas que se habían aprendido en las familias y las comunidades a tra-

48. <https://www.lavanguardia.com/internacional/20231008/9284129/israel-hamas-guerra.html>.

vés de la religión y la cultura estaban decayendo.[49] Aquello que proporcionaba sentido y cohesión a la sociedad, como una serie de valores morales compartidos y una moralidad común, había desaparecido como fuerza motriz. Los impulsos individualistas y, por lo tanto, egoístas, habían conseguido que se perdieran de vista las bases que, como la familia, la comunidad o la nación, implicaban una renuncia al yo para construir algo más grande. En Israel, el espíritu de sacrificio colectivo quedó bien asentado tras el 7 de octubre.

No se trataba únicamente de los valores que cohesionaban culturalmente, sino de que éstos iban de la mano de una impugnación al orden vigente.

El liberalismo basado en reglas estaba imponiendo unas constricciones a los Estados que resultaban contraproducentes: «En la medida en que no hay verdades universales, un régimen global deja de tener sentido, y debe ser rebajado hacia una versión más modesta, en la que ha de permitirse que cada nación trace su propio rumbo, cultive sus propias tradiciones y persiga sus propios intereses sin interferencia».[50] Yoram Hazony, presidente de la Fundación Edmund Burke, organizador de la National Conservatism Conference y una de las figuras relevantes en la derecha soberanista, retrata el tipo de pulso que el Israel de Netanhayu estaba manteniendo con la arquitectura internacional. El orden basado en reglas estaba aprisionando a los Estados, a los que les impedía no sólo seguir su propio camino, sino tomar las medidas precisas para garantizar su seguridad. Las necesidades israelíes de protección y defensa chocaban expresamente con la arquitectura internacional, que Jerusalén veía como una cárcel y como un riesgo para su existencia como Estado.

Esa creencia está en la base de la reacción al 7 de octubre. La invasión de Gaza fue un desafío más al orden global. La devastación de la Franja, los numerosos muertos y la crudeza de los ataques israelíes, así como la extensión de la guerra a Líbano, se

49. Deneen, Patrick, *Por qué ha fracasado el liberalismo*, Rialp, 2018.
50. Hazony, Yoram, *La virtud del nacionalismo*, Homo Legens, 2021, p. 12.

encontraron con el desacuerdo de las instituciones internacionales. La condena del Tribunal de Justicia Internacional y la oposición en Naciones Unidas, donde Estados Unidos tuvo que vetar distintas resoluciones (a veces contra el resto del mundo), suponían la constatación de que los acuerdos precedentes ya no estaban en vigor.

Esa ruptura del orden vigente para asentar sus intereses existenciales es también la perspectiva que ha acogido Trump: Estados Unidos estaba limitado por una serie de instituciones, alianzas y acuerdos que estrechaban el margen de acción necesario para combatir el desafío chino. Era el momento de dar un golpe a esa estructura y reconvertirla de forma que dejase las manos más libres a su país. Sobre esta convicción se asienta el impulso unilateral que Estados Unidos ha puesto en marcha; dado que las reglas internacionales impiden que Washington desarrolle toda su potencia, minan sus intereses y fortalecen a sus rivales, es preciso reescribir las relaciones internacionales.

Esta nueva lucha de territorios, es decir, la imposición del eje geográfico en la política, ha producido notables sacudidas. Tras la invasión de Ucrania, la de Gaza ayudó a construir un discurso en el Sur Global que afianzaba los propósitos chinos. La falta de condena de las instituciones mundiales fue entendida como un flagrante ejemplo de hipocresía: las reglas eran tenidas en cuenta únicamente cuando convenían a los occidentales e ignoradas cuando no les resultaban útiles. Era el momento de un vacío: las normas tenían un carácter ficticio, por lo que era imprescindible reconstruir esas instituciones de manera que incluyeran de manera expresa el multilateralismo o, en su defecto, poner en marcha estructuras alternativas. Los intentos de Rusia y China de desdolarizar sus economías, adquiriendo reservas en oro, aumentando los intercambios en sus divisas y destinando el capital a esferas distintas de la anglosajona (con China reduciendo su exposición a los bonos del Tesoro emitidos por Washington), formaba parte de ese propósito, como el impulso a los BRICS y a las instituciones asiáticas.

Dos direcciones opuestas al mismo tiempo

Por más que la arquitectura internacional esté siendo sacudida, continúa en pie. Las grandes ciudades siguen concentrando la riqueza, los empleos y la población, y no hay ningún signo de que esa tendencia vaya a revertirse en el corto plazo. Washington está siendo desafiado, los BRICS exigen multilateralismo, el orden global se ha resquebrajado y el *soft power* estadounidense ya no es efectivo, pero Estados Unidos continúa disponiendo de la moneda de reserva mundial, atrae masivamente capitales, sus empresas (en especial las tecnológicas y las financieras) continúan creciendo y expandiéndose y cuenta con el ejército más potente. Ese mundo en el que las dos cosas ocurren a la vez, en el que la globalización está rota, al mismo tiempo que Estados Unidos, como centro de la misma, quiere continuar desempeñando el papel principal, conforma nuestro presente.

¿Es posible que un tipo de sistema entre en crisis y sin embargo conserve la estabilidad? ¿Es posible que se mantengan a la vez una serie de fallas en la estructura y que el edificio continúe en pie? Es posible, porque lo estamos presenciando. Las ideas que hasta ahora han dominado no sirven, y sin embargo no terminan de marcharse. Éste es el momento en el que comienzan a aparecer las opciones de llegada; llenas de contradicciones, pero asoman por el horizonte.

China es el principal problema que Estados Unidos está tratando de resolver, porque necesita frenar su crecimiento y al mismo tiempo no puede cortar lazos con ella sin provocarse un daño enorme. La posición estadounidense sobre la clase de reacción con la que se debería afrontar el poder chino no es uniforme. Hay quienes entienden que se está viviendo una suerte de repetición de la guerra fría con la URSS, y que el destino final será el mismo, con Estados Unidos como ganador.[51] Ésa ha sido la idea estándar

51. Incluso hay quienes piensan, como Foreign Policy, que el «gran premio estratégico en Asia —y, lo que es igualmente importante, el gran premio para el pueblo chino— es una China democrática liberal en la que el pueblo chino pueda vivir próspera, libre y pacíficamente».

durante la era global, y sorprende que continúe vigente en algunas mentes americanas: lo idóneo sería que el Partido Comunista saliera del poder y que China pudiera integrarse en el orden global como ocurrió con Rusia tras la caída de la URSS. Esa aspiración parece fruto de fervientes deseos, pero nada en la realidad apunta a que tal destino esté ni remotamente cerca de producirse.

Más allá de posiciones maximalistas, la postura estándar ha sido la de acotar el terreno. El objetivo de Washington era mantener a China atada al sistema global internacional, pero de una forma no desafiante. El requisito necesario para este propósito requería limitar de forma contundente el crecimiento chino en tecnología, al mismo tiempo que se ponían en marcha en áreas iniciativas de compensación relevantes como la reconversión verde. Era la política de «patio pequeño, valla alta» que invocó la administración Biden en diferentes ocasiones. La presión en áreas concretas, como tecnología y energía, aquellas que pueden definir el futuro, limitarían el papel de Pekín y permitirían a Washington seguir fijando la agenda de la economía internacional. Esa presión, complementada con el papel disuasorio del poderoso ejército estadounidense, eliminaría muchos riesgos.

Sin embargo, estas políticas no han resultado efectivas y la nueva política de Trump es una consecuencia de ese fracaso. El nuevo aliento proteccionista no contiene tanto un deseo de refuerzo de las capacidades productivas norteamericanas, sino una intención expresa de expandir su poder. Ese objetivo se enfrenta a un enredo significativo, el vínculo íntimo entre las necesidades de Wall Street y las del Partido Comunista chino. Unas y otro fueron los grandes vencedores de la era global, porque formaban una relación perfecta. Los productos baratos chinos permitían obtener muchos más beneficios a los accionistas de las grandes empresas, que eran a su vez reinvertidos en la esfera financiera anglosajona, al mismo tiempo que animaba a que capitales de todo el mundo encontrasen en Estados Unidos su refugio. Ésa fue la razón última de que no se pusieran límites a Pekín incluso cuando las señales comenzaban a ser muy preocupantes. Las continuas afirmaciones de que China en realidad era un gigante débil y que las aspiraciones democráticas de su población llevarían a que exigieran apertura democrática, o las advertencias sobre un brusco e inminente parón económico del país asiático, y tantas otras excusas que se utilizaron para no constatar que Pekín estaba construyendo un orden alternativo, provenían de los intereses subyacentes: oponerse radicalmente a China significaría un daño significativo para las cuentas de resultados de numerosas empresas y un parón de la economía estadounidense. Incluso en la actualidad, cuando la guerra fría asoma en el horizonte, los vínculos de las más variadas empresas estadounidenses con China, desde Blackstone, Bloomberg, FedEx, Tesla, Starbucks y toda clase de fabricantes de ropa, muebles o aparatos electrónicos, no dejan de estrecharse. El mercado chino es un imán que les atrae, tanto como les repelen los costes de alejarse de un ecosistema productivo que ha integrado las cadenas de suministro, por lo que no han frenado sus inversiones, y en algunos casos las están aumentando.

La opción de repatriar las cadenas y de convertir Estados Unidos en una potencia industrial plena conllevaría no sólo la utilización de aranceles, sino la depreciación del dólar y otra serie de instrumentos que alterarían la economía actual de un modo profundo. Es muy probable que sus efectos fueran positivos para las clases medias y trabajadoras norteamericanas, y que a medio plazo permitiera afianzar internamente el país al introducir un nuevo equilibrio, pero el coste de esa transformación tendría que ser afrontado por las clases que han disfrutado de las ventajas globales. Y están lejos de aceptarlo. Los propósitos económicos declarados por Elon Musk y su entorno liberal-libertario, una gran fuente de influencia en la administración Trump, van en la dirección de profundizar en la economía fisurada.[52]

La solución a este enredo la está dibujando la nueva administración estadounidense mediante una reacción en diferentes planos. La afirmación de la primacía del dólar, el intento de con-

52. Además, existen complicaciones añadidas, de orden técnico, que subrayan la profundidad de las pérdidas de capacidades estadounidenses y la dificultad para tomar las riendas productivas del nuevo escenario. Como señalaba la analista Rana Foroohar, «el desacoplamiento entre Estados Unidos y China es imposible porque la mayoría de las corporaciones estadounidenses no tienen ni idea de quién fabrica realmente sus productos ni de qué tienen que hacer una vez que se avanza un par de niveles en sus cadenas de suministro».

trolar los mercados de la energía, particularmente los del petróleo y el gas, el control de las rutas marítimas e impulsar la presión bélica son los instrumentos de un imperio que se siente desafiado. Sin embargo, la recuperación de poder estadounidense no se está produciendo a costa de China, sino de los viejos aliados de Washington. Las presiones sobre Canadá, México y Panamá, así como la pretensión de entrar en Groenlandia son ejemplos diáfanos de las nuevas posiciones exteriores de Washington. Trump ha insistido en la ineficacia del orden vigente, lo que significa un choque con las instituciones internacionales. La Organización Mundial del Comercio, las Naciones Unidas, el Fondo Monetario Internacional, el Banco Mundial o la Organización Mundial de la Salud son descritos como un problema para Estados Unidos. También ocurre con la OTAN: los aliados se han beneficiado de la benevolencia del país hegemónico y apenas han contribuido al mantenimiento de la alianza.

Dicho de otra manera, la idea de «América primero» significa, ante todo, que las políticas económicas, financieras y comerciales de Trump buscan afirmar su poder absorbiendo el de sus socios. En la medida en que no conviene enfrentarse de manera directa con China, se opta por crecer por otro lugar. Las tensiones con Europa provienen directamente de esta idea: los países occidentales deben situarse bajo la órbita estadounidense de una manera mucho más firme, de modo que afronten el peligro ruso, reduzcan su relación con China y aumenten los vínculos económicos, energéticos, tecnológicos y financieros con Washington. Esto puede causar un daño significativo a la economía europea, pero es el precio que se debe pagar, señala Washington, para defender el mundo libre.

Era difícil que Estados Unidos reaccionase de otra manera. El peculiar capitalismo que conforma la mentalidad del país, las contradicciones internas, el peso de las finanzas en sus decisiones y su manera moralista de afirmar su poder es producto de una visión del mundo que se ha desarrollado durante muchos años en el país hegemónico y cuya línea prosigue Trump. Su gobierno significa un paso adelante en esa trayectoria, no una ruptura radical con el pasado.

4

Una historia moral del conservadurismo (I)

Nuestra época admite diversas analogías históricas. Los momentos previos a la Primera Guerra Mundial muestran algunas semejanzas en cuanto a las dinámicas de relación entre Estados, ahora ampliadas a escala mundial en lugar de quedar restringidas a Europa. El deterioro institucional y los seísmos económicos de la década de los veinte y de los primeros treinta del siglo pasado también ofrecen algunas referencias útiles para analizar el presente y anticipar el futuro. Incluso antecedentes remotos, como el final de la república romana, pueden traer a escena diversas lecciones para el presente. La historia siempre contiene enseñanzas, y parece que hemos entrado en una época agitada en la que los historiadores tienen más que aportar que los economistas.

Pero sería absurdo intentar entender la política contemporánea como si fuera una simple repetición de experiencias pasadas. Y aún más si se cae en la tentación de colocar encima de nuestro tiempo una plantilla, extraída de las primeras décadas europeas del siglo xx, cuando este largo siglo ha sido y es estadounidense. La ideología de nuestra época se ha construido desde allí; las variaciones del Viejo Continente han añadido matices a los colores originales, pero no modifican el cuadro.

Desde mediados del siglo xx, la evolución de las sociedades

no puede ser entendida sin asimilar hasta qué punto las visiones del mundo, las creencias culturales, las orientaciones ideológicas y las perspectivas sociales propias del país hegemónico penetraron en Europa. El cine de Hollywood, la música popular, los coches americanos, los diferentes utensilios pensados para la comodidad y los avances tecnológicos construyeron un universo simbólico compartido, pero el poder blando iba mucho más allá de un bienestar soportado por la cultura y los productos de consumo: construyó el imaginario dominante. Es, en consecuencia, desde los dilemas, las contradicciones y las convicciones estadounidenses que se debe partir para analizar las transformaciones que ha vivido Occidente a lo largo del siglo pasado y del inicio de éste.

Conservadores contra capitalistas

Los años veinte del siglo pasado fueron tumultuosos en Europa, con las distintas crisis que vivió la República de Weimar, el ascenso del fascismo y del nazismo, la consolidación de la URSS y las periódicas sacudidas que vivieron las democracias europeas. Mientras el continente se sumía en la agitación, en Estados Unidos se vivió una efervescencia económica y una transformación cultural que dibujó un país diferente. Washington fue el vencedor real de la Primera Guerra Mundial al convertirse en el beneficiario de la factura de la contienda. Alemania estaba obligada por el Tratado de Versalles a abonar reparaciones de guerra de gran cuantía, Francia dependía de éstas para devolver a Estados Unidos las deudas de guerra y una serie de malas decisiones económicas de Gran Bretaña debilitaron más aún al imperio en decadencia. Estados Unidos se convirtió en un país más próspero, y conforme avanzaba la década, su desarrollo era claramente apreciable. La crisis europea, con el profundo deterioro social, mostraba su contracara en el norte de América, también en cuanto al optimismo respecto de las economías privadas: las inversiones fluían, la bolsa vivía una agitación positiva, llegó el crédito, las opciones de emprender o de ganar dinero con las acciones parecían estar al alcance de cualquiera, la ortodoxia repetía que el hombre común podía hacerse rico con una buena decisión. A finales de la década, el secretario de Comercio, Herbert Hoover, se convirtió en el candidato republicano a la presidencia. La prosperidad del país suponía una legitimación indiscutible para su candidatura. En la campaña llegó a afirmar que «en Estados Unidos estamos más cerca de la victoria final sobre la pobreza de lo que se ha estado nunca en la historia de cualquier territorio. Las casas de la caridad han desaparecido entre nosotros».[53] El triunfo de Hoover en las elecciones de 1928 fue contundente.

Los locos años veinte trajeron consigo la floreciente América del jazz, los clubes, el dinero rápido, la efervescencia vital, las grandes salas de cine con aire acondicionado, el auge del automóvil, una nueva idea de libertad, el modernismo. El consumo estaba tejiendo una sociedad donde los placeres comenzaban a ser abrazados y en la que las clases altas lideraban la apertura de costumbres, del mismo modo que en tiempos anteriores habían exhibido una contención distintiva. En pocos años, los hijos e hijas de las clases con más recursos despreciaban el fiel seguimiento de las normas y huían del puritanismo a toda velocidad. Los peinados cortos, las mujeres que fumaban, las libertades sexuales y el disfrute vital eran un correlato moral de la libertad de mercado que había florecido en un país joven, con energía y en crecimiento.

Sin embargo, estos cambios eran percibidos desde la desconfianza y el rechazo por buena parte de los estadounidenses. Las costumbres que se abrían paso nada tenían que ver con los valores que habían permeado la mentalidad americana y que habían construido un país. El trabajo, la sobriedad, la contención el ahorro y la sexualidad funcional eran señas de identidad del capitalismo anglosajón,[54] y dieron forma a una sociedad que se vanagloriaba de ser puritana. Visiones vitales diferentes agrandaron

53. Gerstle, Gary, *Auge y caída del orden neoliberal: La historia del mundo en la era del libre mercado*, Península, 2023, p. 31 (edición de Kindle).

54. Bell, Daniel, *Las contradicciones culturales del capitalismo*, Alianza, 1981, p. 71.

la brecha geográfica. El triunfo material, la exhibición del éxito y la estética modernista eran vanagloriados en las grandes urbes, donde la alta burguesía no sólo no escondía sus placeres, sino que los mostraba como signo diferencial; la otra América se refugiaba en los valores tradicionales de sobriedad, respeto a las costumbres y amor al trabajo.

Ese choque contenía algo más que distintas posiciones ante la vida determinadas por la geografía. Traía consigo visiones culturales sustancialmente distintas de las que habían imperado en el país y que habían contribuido a ofrecer un asiento moral al capitalismo estadounidense. El paso del esfuerzo y el sacrificio en el trabajo al golpe de azar en la bolsa como medio de lograr bienestar material, el giro del ahorro hacia el crédito y la nueva exhibición del cuerpo en lugar del recato, implicaban una ruptura sustancial respecto de los valores comunes de tiempos precedentes. Y esto era relevante: la distancia entre la forma de organización de la producción y la propiedad y el corpus de valores y creencias que daba cohesión a la sociedad se situaba ante una notable contradicción. Era muy difícil conciliar un sistema que abogaba por la generación y acumulación incesante de riquezas y las necesidades espirituales que imponía una vida marcada por los valores tradicionales y la palabra de Dios. Max Weber había explicado cómo la alianza entre el capitalismo y el protestantismo había tejido la unión de elementos tan opuestos, pero la brecha entre uno y otro había comenzado a ser muy expresa a partir de las décadas finales del siglo XIX.

La nueva aristocracia

En Europa, la agitación provenía de la popularidad de posiciones ideológicas, con el socialismo, el comunismo y el fascismo abriéndose paso; en Estados Unidos, las divergencias se apoyaban en elementos culturales que carecían de una articulación política que diera lugar a partidos de masas que pugnaran por cambiar el sistema. Por supuesto, existían focos ideológicos, pero la capacidad de penetración del comunismo o del anarquismo era relativa y el fulgor económico de la década de los veinte desanimaba las tentaciones rupturistas. Pero la reacción frente a las injusticias, la concentración de la riqueza y los lazos estrechos entre la administración y los oligopolios no había emergido en Estados Unidos como una ideología canalizada a través de las clases obreras, sino desde la oposición de un deteriorado entorno productivo; no se apoyó en una visión utópica que aspirase a transformar Estado y sociedad de una manera radical, sino en una opción fundamentada en valores conservadores que pretendía resguardar los derechos consagrados de la Constitución.

En su discurso de toma de posesión del cargo como presidente, Trump aludió a William McKinley, de quien aseguró que «hizo a nuestro país muy rico a través de los aranceles y a través del talento».[55] Las referencias al vigésimo quinto presidente aludían a su política exterior expansionista y al impulso que dio a la industria americana con la imposición de aranceles, pero el papel de McKinley fue mucho más allá de eso.

Llegó al poder en unas muy reñidas elecciones, celebradas en 1896, en las que tuvo como rival al populista demócrata William Jennings Bryan, que había construido un poderoso movimiento político a partir de la lucha contra los monopolios y los oligopolios. La América que gobernó McKinley había sufrido transformaciones profundas en los años precedentes a partir de la creación de figuras jurídicas (*pools*, trust, *holdings*) que impulsaron una elevadísima concentración de la propiedad y que dieron como resultado el nacimiento de una peculiar aristocracia.[56] Si la nobleza europea, la poseedora de la tierra y los vínculos con monarcas, estaba reconstruyendo su posición a partir de la alianza con las finanzas y la burguesía liberal, en Estados Unidos la aristocracia del dinero se construyó mediante la propiedad de las nuevas fuerzas productivas (el ferrocarril, la energía y el acero, además del capital). La misma idea de aristocracia cho-

55. <https://elpais.com/us/2025-01-20/el-discurso-integro-de-donald-trump-en-su-toma-de-posesion-como-presidente-de-estados-unidos.html>.

56. Faulkner, Harold Underwood, *Historia económica de los Estados Unidos*, Editorial Nova, pp. 481 y ss.

caba de frente con el espíritu americano, cuyo país se había creado contra la sangre azul, pero lo cierto es que la concentración de la riqueza había forjado una nueva serie de privilegiados. Para el cambio de siglo, muchas industrias se habían convertido en monopolios, como la del acero, el petróleo, las refinerías de azúcar, el carbón de antracita, los explosivos, el tabaco, el envasado de carne o la fabricación de maquinaria agrícola. Había nacido una nueva clase de ricos, que recibieron el apodo de *robber barons*, entre los que se contaban nombres ilustres como John D. Rockefeller, Charles Schwab, J. P. Morgan, Cornelius Vanderbilt, Andrew Mellon, William Randolph Hearst, Andrew Carnegie o Jay Gould. Henry Demarest Lloyd escribió en 1894 que «un reducido número de hombres obtiene el poder de prohibir a todos menos a sí mismos abastecer al pueblo de fuego en casi todas las formas conocidas en la vida e industrias modernas, desde los fósforos hasta las locomotoras y la electricidad. Tienen bajo su dominio nuestro carbón duro y gran parte del blando, así como estufas, hornos y calentadores de vapor y de agua caliente; los reguladores de las calderas de vapor y estas mismas calderas; el gas y los mecheros y los accesorios, el gas natural y las tuberías, la iluminación eléctrica y todas las instalaciones. No se puede liberar uno pasando de la electricidad al gas, o del gas de la ciudad al de los campos. Si uno trueca el queroseno por las bujías sigue aún en igual situación». En cuanto a las líneas ferroviarias, «estaban bajo el poder de seis grupos de influencia, dominados a su vez por una veintena de hombres. Esos mismos hombres tenían el control de las facilidades bancarias... Las influencias dominantes en los trust forman una intrincada red de capitalistas importantes y menores, muchos aliados entre sí por lazos de mayor o menor importancia, pero todos apéndices o partes de los grupos mayores, que dependen en sí de los dos grandes mamuts, los grupos Rockefeller y Morgan. Conjuntamente, estos dos enormes grupos constituyen el corazón de la vida comercial y financiera de la nación».[57]

57. Citado en Faulkner, Harold Underwood, *Historia económica de los Estados Unidos*, Editorial Nova, 1956, p. 492.

Tal concentración de poder produjo sacudidas profundas en la economía estadounidense. Muchos pequeños propietarios se empobrecieron o arruinaron, y la gran mayoría de ellos formaban parte de esa gente común de mentalidad protestante que creía en el capitalismo. Ese choque entre una acumulación tan disparatada de riqueza y los dictados de Dios dio alas al movimiento de oposición que definió la política estadounidense en la última década del siglo XIX, el populismo.

En las elecciones de 1896, William Jennings Bryan, un joven líder (treinta y seis años), encabezó la candidatura demócrata. Provenía del People's Party, una formación que surgió como alianza de asociaciones de agricultores, pero que se extendió a grandes grupos de población. Era un movimiento conservador, en el sentido de que pretendía devolver a Estados Unidos unas bases políticas, las de su Constitución, que entendían perdidas a causa de la corrosión avariciosa de la nueva aristocracia. No pretendían un cambio de régimen, no había una utopía al final del camino, sino que creían que el poder pertenecía a los ciudadanos. En lo económico tenían un influjo que hoy llamaríamos progresista, en la medida en que pretendían poner límites claros al poder financiero y al de los monopolios, y en moral eran claramente conservadores. El anclaje religioso era evidente: Bryan creía en Dios, pero no en Darwin. Sin embargo, su pelea política no estaba apoyada en un carácter confesional, sino en una impronta moral. La transformación estructural de la propiedad, que había causado la ruina de muchos pequeños propietarios y la pauperización de muchos obreros a causa del poder de los monopolios, iba acompañada de un claro desprecio de los valores tradicionales de trabajo duro, sacrificio y forja del carácter. La fe y la justicia se reunían en esta lucha: los ricos estaban apagando al mismo tiempo la luz divina y la democracia sobre la que se fundó un país.

La batalla electoral librada entre Bryan y William McKinley fue cruenta. Los elementos discursivos que se emplearon suenan extrañamente contemporáneos. Los partidarios del segundo defendían con energía el *laissez faire* y la economía no regulada, y señalaban los cambios en la estructura de propiedad como precio necesario del progreso y como el primer motor del crecimiento económico. Sus oponentes, los populistas de Bryan, fueron descritos con los peores caracteres en la prensa afín. Eran seres atávicos que pretendían permanecer en el pasado, que se resistían a los avances, y que eran sistemáticamente descritos con los estereotipos que se emplean para describir a un pueblo inculto, rencoroso y extraviado. No ahorraron en feroces epítetos. Eran «la escoria de la tierra»,[58] un término que resuena en los *deplorables* de Hillary Clinton.

Para los populistas, la lucha que libraban era existencial. Muchos de ellos pertenecían a la clase media, eran pequeños propietarios y élites locales que vieron perturbadas profundamente sus economías. Tenían a una parte significativa del pueblo de su lado gracias a su imaginario cultural, el de la persona esforzada y piadosa que carecía de grandes ambiciones y que creía en el espíritu igualitario y en la libertad. Eran la América verdadera, la nacida de Dios y del trabajo, enfrentada contra banqueros, especuladores, prestamistas y monopolistas. Mientras en Europa las clases populares oscilaban entre los vínculos con la vieja aristocracia y su cada vez mayor ligazón con el socialismo o el comunismo, en Estados Unidos fue la mezcla de Constitución, moral y capitalismo de los pequeños propietarios la que encabezó la revuelta.

McKinley acabó ganando muy ajustadamente gracias al apoyo que cosechó en el norte y en el oeste. Bryan barrió en el sur. La falta de conexión del candidato demócrata con los trabajadores industriales, a los que no supo ganarse, su indisimulada afiliación religiosa, su carácter racista y la radicalización del enfrentamiento entre las urbes y el mundo rural fueron elementos, siempre enfatizados por los republicanos, que impidieron la victoria de los populistas. Los conservadores perdieron frente al capitalismo liberal.

La derrota de Bryan en esos comicios, al igual que en los posteriores (1900) significó el punto final del populismo (al menos,

58. Clanton, Gene O., *Populism. The Humane Preference in America. 1890-1900*, Twayne Publishers, 1991, pp. 156 y ss.

hasta 1930, cuando Franklin Delano Roosevelt recogió su espíritu). Leyes aprobadas para contener el poder económico concentrado, como la *Sherman Act*, se convirtieron en su contrario, y terminaron siendo utilizadas contra los obreros que iniciaban una huelga. La apertura al imperialismo de Estados Unidos, que hasta entonces había creído que las aventuras exteriores contribuirían a debilitar la fortaleza interna, inauguró una época distinta en el papel internacional de Washington. El asesinato de McKinley en 1901, que llevó al poder a Theodore Roosevelt, no transformó las líneas de acción internas o externas, por más que el nuevo presidente acogiera la lucha antitrust.

Pero, al mismo tiempo que los cambios en la estructura económica se hacían más profundos, se asentaba un espíritu que ligaba la economía a la religión, y que terminó por ser determinante en el modo de pensar del *establishment* anglosajón. Theodore Roosevelt adoptó en muchos de sus discursos una evocación de los valores morales cercana al populismo, que eran retomados en una nueva dirección: «El puritano había conquistado un continente; no sólo lo había invadido, sino colonizado, cultivado y construido sobre él una vida industrial y social elevada; sino que... había sentado las bases inamovibles de todo nuestro sistema americano de libertad civil, política y religiosa, logrado mediante el proceso ordenado de la ley».[59] Ésa era una visión que se adoptó expresamente en la hora de la expansión geográfica estadounidense, de las aventuras imperiales (y muchos años después, como elemento justificativo del orden internacional bajo hegemonía americana). El desafío populista había puesto sobre la mesa una clara intención de unir los cambios políticos y económicos con los valores religiosos. A partir de su derrota, ese lazo persistió, pero en un sentido muy distinto, y de una manera mucho más favorable a la oligarquía de la época.

59. Roosevelt, Theodore, discurso del presidente Roosevelt con motivo de la colocación de la piedra angular del monumento conmemorativo a los peregrinos, Provincetown, Massachusetts, 20 de agosto de 1907 (en inglés). <https://www.gutenberg.org/cache/epub/68052/pg68052-images.html>.

La ley natural del mercado

El calvinismo ofrecía una peculiar explicación del mundo. Dios había predestinado a las almas a la salvación o a la condena eternas y esto era así desde el nacimiento de cada ser humano: ninguno de los actos que las personas realizasen durante su existencia en la Tierra alteraría esa decisión. Sin embargo, se trataba de una posición no constatable: no había una marca que demostrase de manera definitiva la categoría en que cada persona estaba inscrita ni tampoco una suerte de lista en la que figurasen los predestinados a un lugar u otro. La duda sobre cuál sería el destino último estaba presente en cada sujeto: ¿cómo saber lo que Dios había prefijado para cada uno de nosotros? Calvino solventó ese problema mediante la autoconfianza. Tanto él como sus seguidores pertenecían a la categoría de los predestinados y la prueba era que lo creían con una firmeza sin resquicios. El desplazamiento era significativo: la fe no consistía en la convicción acerca de la existencia de Dios, sino en la creencia absoluta en que Dios había elegido a determinados creyentes como predestinados a la salvación.

Esa confianza interior debía demostrarse en la vida cotidiana. El calvinismo exigía de sus fieles una vida disciplinada y coherente. La actividad incesante, la continua disposición hacia el trabajo y el rechazo de los placeres fútiles eran la constatación de que se poseía el carácter propio de los elegidos. Era natural, por tanto, que un hombre esforzado y laborioso terminase por acumular riquezas. Ideología y religión terminaban por convertirse en mutuamente funcionales: el hombre rico lo era por su carácter, que provenía de la condición de predestinado a la salvación, lo que le permitía no apartarse de la laboriosidad, lo que a su vez generaba ganancias continuadas. La acumulación económica sólo era negativa cuando animaba a los hombres a la relajación; cuando inducía a la pereza, a no observar las normas, a perder el hábito del trabajo. El capitalismo era el sistema que fomentaba la virtud.

También la lectura inversa resultaba posible: si la dedicación y la laboriosidad eran el camino para el éxito económico, poseer riquezas podía entenderse como la prueba de que se pertenecía a los predestinados, así como del carácter dedicado, industrioso y moral de quienes las disfrutaban. Esta alianza entre economía y religión condujo a una lectura darwinista del mercado, que no era más que una traslación del calvinismo a la noción de justicia. Lo que era, era justo, en la medida en que resultaba el producto de acciones previas y, por lo tanto, querido por Dios. Así lo afirmaba John D. Rockefeller en uno de sus discursos: «El crecimiento de una gran empresa es simplemente la supervivencia del más apto. Una rosa de la variedad *American Beauty* se puede producir en todo su esplendor sólo al sacrificar los primeros brotes que crecen a su alrededor. Ésta no es una tendencia maligna en los negocios. Es simplemente el resultado de una ley de la naturaleza y una ley de Dios».[60]

Esta correlación entre naturaleza, leyes eternas y funcionamiento del mercado y la sociedad encontraba un nexo común, el pecado. Las perturbaciones que sufría el orden natural de las cosas estaban causadas por la debilidad de unos seres humanos que preferían ceder a la tentación en lugar de seguir las enseñanzas de Dios. El mundo de los negocios se imbuyó de este esquema y lo tomó como propio, sustituyendo las normas divinas por el mercado libre de interferencias. En una época en la que la disparidad de recursos provocaba situaciones de miseria en partes de la población, existía el impulso de ponerse de parte de los que sufrían y, por tanto, de modificar un sistema idóneo con el pretexto de beneficiar a los menos capacitados. Pero esto era un error, «fruto del miedo a la libertad». Quienes estaban contra la competencia creían que causaba los males de los débiles, pero «no percibían que fuerte y débil son términos que no pueden ser explicados a menos que se entiendan equivalentes a trabajador y ocioso, frugal y extravagante».[61]

Eran las predisposiciones privadas las que conducían a las situaciones económicas difíciles, y no un sistema intrínsecamen-

60. Hofstadter, Richard, *Darwinismo social en el pensamiento estadounidense*, Beacon Press, p. 45 (edición de Kindle).
61. Hofstadter, Richard, ibídem, p. 57.

te justo que buscaba que los mejores y los más virtuosos perdurasen: «La naturaleza insiste tanto en la idoneidad del carácter mental como en el físico, y los defectos radicales son causas de muerte tanto en un caso como en el otro. El que pierde la vida por su estupidez, vicio u holgazanería está en la misma categoría que las víctimas de vísceras débiles o miembros deformados». Bajo las leyes de la naturaleza, todos son juzgados por igual. «Si están lo suficientemente completos para vivir, viven, y es bueno que vivan. Si no lo están, mueren, y es mejor que mueran».[62]

Había que tomar partido: «Si no nos gusta la supervivencia del más apto, sólo tenemos una alternativa posible, y ésa es la supervivencia del más inepto. La primera es la ley de la civilización; la última es la ley de la anticivilización. Podemos elegir entre las dos, podemos continuar, como en el pasado, vacilando entre las dos, pero un tercer plan, el desiderátum socialista, un plan para alimentar a los menos aptos y, sin embargo, avanzar en la civilización, nunca ocurrirá».[63]

La competencia en la economía, como en la vida de las especies, significaba la supervivencia del más capacitado y del más laborioso. Pero ésas no eran cualidades dadas para siempre. Del mismo modo que las tentaciones podían inducir a la laxitud moral, la relajación en el esfuerzo y en el propósito podían conducir a la pérdida de la riqueza. En un mundo de lucha (contra uno mismo, contra los competidores), las posiciones eran siempre inestables, ya que un momento de debilidad podía arruinarlo todo. El carácter se demostraba mediante una construcción continuada de la personalidad, ligada al ahorro, al rechazo del gasto ostentoso y a la acumulación virtuosa en lugar de abandonarse a la satisfacción del cuerpo. En el entorno empresarial, esa misma perspectiva debía adoptarse en todo momento, porque las posiciones eran precarias: siempre habrá alguien que desee las riquezas o el estatus que los más capacitados han conseguido y que trate de arrebatárselos. Las amenazas obligan a estar siempre alerta porque el pecado acecha siempre y el ser humano debe combatirlo de mane-

62. Hofstadter, Richard, ibídem, p. 41.
63. Hofstadter, Richard, ibídem, p. 57.

ra incesante. El control y la vigilancia, sobre uno mismo y sobre el entorno, carecen de ribetes paranoicos: son una necesidad de la existencia.

Todos estos rasgos fueron difundidos como características de personas que aunaban una moral elevada con el éxito económico. De esta manera, la nueva aristocracia no sólo encontró una legitimidad social, sino sistémica. La pobreza y las necesidades materiales no satisfechas eran la consecuencia de déficits éticos, de personas que carecían de actitud, que se abandonaban y derrochaban, que preferían los placeres corporales a la virtud.

Esta visión era muy distinta de la populista. Frente a una concepción conservadora del mundo, que abogaba por valores que habían construido la sociedad estadounidense desde sus inicios, y que encontraba su fundamento en la libertad como límite a los abusos de los poderosos, la unión entre libre mercado y calvinismo prescindía de cualquier noción de bien común que estableciera trabas a los más exitosos; esta idea no era más que una coartada que favorecía la ociosidad y, en última instancia, el pecado. Fue esta lectura la que triunfó en los años siguientes a la derrota populista y con la que se construyó un marco de pensamiento y una mirada sobre la existencia que ha reaparecido una y otra vez en la derecha estadounidense. Y, esto es importante, no sólo como una manera de analizar el mercado, sino como un esquema moral a través del cual se interpretó el mundo (el religioso, el político y el económico): existía un orden natural de las cosas que trataba de ser perturbado por los vicios privados, por lo que la tarea social consistía en alejar a los ciudadanos de las tentaciones y combatir el mal que los seres disfuncionales difundían.

El alcohol como detonante

La unión entre economía y moral vivió un momento complicado en los años veinte, la era de los cambios. El florecimiento del consumo y la apertura de costumbres que se produjo en el capitalismo estadounidense chocó con las ideas conservadoras de buena parte de la población estadounidense. A sus ojos, las actitudes disolutas estaban minando significativamente la sociedad. La prosperidad generalizada estaba promoviendo la debilidad de hombres y mujeres y construyendo entornos impúdicos: la afluencia de capital, la vida impersonal de las ciudades, la pérdida de la comunidad y el ascenso del individualismo exhibicionista eran males muy presentes y especialmente dañinos.

Sin embargo, el desarrollo del capitalismo liberal precisaba de valores para los que el conservadurismo ya no era funcional. El salto del pulmón financiero desde Gran Bretaña a Estados Unidos, que estaba en marcha, y las posibilidades de inversión con las que contaba el joven país, habían generado gran ebullición económica. Además, fue una época de avances técnicos: la sensación de que se asistía a un progreso imparable empujó en la dirección de los cambios. Las necesidades productivas eran muy diferentes de las de la época del pequeño agricultor; las grandes fábricas, como las de Ford, requerían mano de obra abundante, y en cierta medida, cualificada; las ciudades crecían entre nuevas formas de vestir y modos más atrevidos de ocio. La popularización de la radio, el auge del automóvil y del teléfono, la omnipresencia de la publicidad y la electrificación de las urbes (que aumentó el número de horas aprovechables al dotar de luz a la noche), transformaron las costumbres. Al mismo tiempo, una serie de bienes antes reservados a las clases con más recursos comenzaron a ser asequibles para una parte significativa de la población, ya que la producción en masa abarató los costes. El consumo ya no era un elemento de subsistencia, sino una fuente de ingresos que otorgaba un carácter distintivo y estaba convirtiéndose en el centro de la economía. El ahorro estaba dejando paso al crédito.

Los feligreses, aquellos que habían creído en la unión de protestantismo y capitalismo, estaban quedándose fuera de juego en un mundo que les sobrepasaba, en parte por el papel dominante que la ciencia y la técnica comenzaban a jugar, lo que relegaba la religiosidad a un espacio menos influyente. La brecha entre economía y religión fue haciéndose mayor, en la medida en que el desarrollo dibujaba formas de entender la vida que iban en contra de las tradiciones. Era complicado oponerse a un sistema liberal que ofrecía prosperidad al país y a sus ciudadanos, y al mismo tiempo estar a favor de los cambios en las costumbres que promovía. Esa contradicción entre liberalismo y conservadurismo, que ha sido constante a lo largo del pasado siglo, mostró sus garras en una década próspera.

Las diferencias aparecían, en primer lugar, en términos geográficos. Las pequeñas ciudades y el mundo rural representaban la continuidad de la tradición y de la virtud frente a las grandes urbes, que encarnaban la riqueza, pero también, en el imaginario conservador, la tentación y el pecado. Las grandes urbes, con un consumo en auge, estaban siendo conquistadas por hábitos poco recomendables; incluso la juventud estaba socializándose en formas nada contenidas. Había un combate cultural que los entornos tradicionales creían estar perdiendo.

El intento más exitoso de los conservadores por recuperar terreno fue el «Movimiento a favor de la templanza», conformado por asociaciones que habían peleado durante mucho tiempo contra la bebida. Obtuvo su victoria más rotunda el 17 de enero de 1920, fecha de la promulgación de la ley seca. La fabricación y distribución de alcohol quedaron prohibidos, aunque no su consumo.

El alcohol reunía todos los elementos culturales que desagradaban al protestantismo (fomentaba la inmoderación, los excesos sexuales, la exaltación de lo instintivo), pero también al entorno político, ya que su proliferación alarmaba a diferentes sectores sociales. Era consumido por todas las clases, pero sus estragos eran especialmente evidentes entre las obreras; la industria de la bebida se desarrolló muy especialmente entre los inmigrantes, que pusieron en marcha florecientes negocios para abastecer a sus compatriotas de las bebidas que echaban en falta de sus países natales, como la cerveza. Los empresarios, como Henry Ford, exigían una mano de obra disciplinada y poco dada a los excesos, ya que la atención al trabajo era aún más necesaria para la producción en cadena. El gobierno estadounidense desalentaba el consumo de alcohol, ya que no era funcional que los soldados librasen las batallas en estado de ebriedad. Existían grupos obreros que entendían que las luchas por los derechos eran incompatibles con la afición excesiva por las tabernas. Las mujeres fueron particularmente activas en la pelea contra la ebriedad, tanto por los malos tratos que provocaba, como por las vidas de esposos e hijos arruinadas por la bebida. La presencia femenina en esta lucha fue notable y la Unión Cristiana de Mujeres por la Abstinencia se convirtió en una fuerza numerosa en el país. El movimiento para la templanza recogía todas estas inquietudes. Pese a su heterogeneidad, estaba compuesto principalmente por personas religiosas y el impulso feligrés fue decisivo.

Sin embargo, más importante que su aceptación, fue el marco conceptual en el que la lucha a favor de la prohibición se llevó a cabo. El alcohol era combatido como un elemento desestabilizador que provocaba la desorganización de las familias, y con ella la miseria, así como notables perturbaciones en la comunidad. La visión protestante que entendía las disfunciones sociales como consecuencia de conductas privadas irracionales y desordenadas reaparecía poderosamente a través de un elemento real. El alcohol era la constatación de la flaqueza moral, por lo que el control social era más preciso que nunca en una época que estaba olvidando el camino recto: eliminar el detonante de los comportamientos nocivos parecía indispensable.

En las urbes, la lucha contra el alcohol encontró una justificación diferente. Su consumo no solamente causaba graves perturbaciones individuales, sino que fomentaba el antiprogreso. El recurso a la ciencia de los defensores de la templanza fue continuo, ya que permitía aportar pruebas objetivas de los males que el alcohol causaba: era un combate moral que la evidencia científica respaldaba. La lucha contra la bebida formaba parte de la defensa de los valores de la civilización occidental y de la prosperidad a la que conducían.

Con la ley seca, los conservadores encontraron un camino para expresar sus temores respecto del consumismo creciente y de las costumbres disolutas sin perturbar las bases del sistema. Al convertir esa tensión en un asunto puramente cultural, que se libraba en el alma del hombre, se hizo posible compatibilizar liberalismo y tradición. La ley seca, mucho más allá de sus argumentos explícitos, abría un frente moral que permitía hacer abstracción de cualquier impugnación general: eran las conductas privadas de seres desordenados las que causaban las disfunciones en una sociedad por lo demás floreciente. Fue un paso atrás del mundo conservador con el que dejó claro que no iba a luchar contra los excesos provocados por un tipo de capitalismo que les desagradaba, como hicieron los populistas, sino contra los sujetos que llevaban una vida desordenada.

La ley seca consiguió reducir el consumo de alcohol, pero no terminó con el hábito. Fomentó industrias ilegales, abrió las puertas al desarrollo del crimen organizado y generó un número significativo de víctimas a causa de los productos defectuosos. El intento de control produjo efectos laterales muy negativos.

En la campaña electoral de 1932, en la que Franklin Delano Roosevelt resultó vencedor, el alcohol ya no era un problema. Se adujeron aspectos económicos para eliminar la ley seca, en la medida en que un impuesto sobre las bebidas alcohólicas permitiría conseguir ingresos para un Estado que los necesitaba, pero también cuestiones de orden público, ya que su desaparición suprimiría una de las principales fuentes de ingresos de la mafia. Sin embargo, tales factores resultaban secundarios, porque lo que había cambiado era el país en su conjunto. Sumido en una recesión profunda, con un paro elevado y sin apenas esperanzas de recuperación tras más de dos años de agonía económica, resultaba absurdo insistir en las ideas de autorresponsabilización, contención y moderación que se habían promovido como contrapartida a los excesos. Estados Unidos necesitaba algo muy distinto del aleccionamiento religioso limitado a las conductas de la vida privada. El mensaje moral que Franklin Roosevelt difundió en la campaña que le llevó a la Casa Blanca fue muy distinto: la *hibris* que había causado los males que sufría Estados Unidos estaba situada en otra esfera.

En todo caso, la década estadounidense de los veinte, con su solución de compromiso entre el conservadurismo y el libre mercado, ofrece algunas lecciones históricas, ya que muchas de las ideas dominantes en aquel momento están sonando con fuerza en nuestra época. Más allá de las disfunciones que crearon en Occidente la expansión de la prosperidad a través del crédito, la concentración de la propiedad, el auge del consumo barato y las burbujas financieras, los argumentos que son importantes en las luchas políticas contemporáneas no se alejan mucho de los de hace un siglo, con esa sofocación de los problemas estructurales mediante las cuestiones morales, ahora vehiculadas a través de lo *woke* y del *antiwoke*.

Una revolución económica y moral

Las elecciones presidenciales del 8 de noviembre de 1932 trajeron, con la victoria de Franklin Delano Roosevelt, un mundo muy diferente a Estados Unidos. Los amplios programas de reconstrucción económica del país, conceptuados con el lema *New Deal*, fueron decisivos a la hora de recuperar el empleo y la actividad productiva de una nación que había quedado paralizada, pero también lograron asentar la democracia en Estados Unidos. Su éxito contribuyó de manera decisiva a dibujar el modo de gestión económico que se implantó definitivamente en el bloque occidental tras la Segunda Guerra Mundial. Y, sobre todo, trajo consigo un nuevo hálito moral que fue en dirección contraria al de la época precedente.

Roosevelt tomó posesión del cargo hasta el 4 de marzo de 1933, cuatro meses después de las elecciones. Fueron los días de la «guerra de invierno»,[64] en los que éste hubo de hacer frente a todo tipo de presiones. Hoover, el presidente en funciones, quiso forzar que su sucesor abandonase las promesas económicas que había formulado en la campaña. En febrero de 1933, Roosevelt sufrió un intento de asesinato que falló sólo porque una mujer logró desviar la pistola del asesino; las cinco balas disparadas acabaron con la vida del alcalde de Chicago, presente en la comitiva presidencial. Hubo también riesgos políticos: las tentaciones autoritarias habían seducido a parte de las élites estadounidenses, que en ese invierno estaban valorando un giro político que fuera en sintonía con el fascismo europeo.

64. Rauchway, Eric, *Winter War*, Basic Books, 2018.

El panorama era desolador en los Estados Unidos que Roosevelt venía a gobernar. Desde 1929 hasta 1932 habían quebrado más de cien mil negocios, miles de bancos habían cerrado sus puertas, el desempleo estaba en el 25 por ciento y los ahorros de muchos ciudadanos habían desaparecido. Pero, por encima de esa situación, sobrevolaban la desorientación y el sinsentido. En un país en el que millones de estadounidenses pasaban hambre y sobrevivían gracias a los comedores sociales, los ganaderos sacrificaban a sus animales porque no podían pagar los costes de alimentación y transporte para poder venderlos. La sensación de irracionalidad era todavía más dañina que la pobreza.[65] Los médicos económicos ofrecían los mismos consejos que los sacerdotes a los moribundos.[66]

Para entender la magnitud de la reacción que encabezó Roosevelt, la comparación con la situación alemana constituye una referencia precisa. El canciller Heinrich Brüning, el centrista que se había colocado al frente del gobierno en 1930, apostó por un camino económico ortodoxo, en la misma línea que las medidas que Hoover impulsaba en Estados Unidos: políticas antiinflacionistas, recorte de gastos estatales y bajada de los costes laborales. La idca era sanear la economía y, una vez conseguido ese propósito, conseguir que la inversión regresara. El temor a la hiperinflación consiguió que el partido socialdemócrata no plantease resistencias, máxime cuando percibían a Brüning como la última línea de defensa frente a Hitler. El gobierno alemán se hizo más rígido y menos democrático, ya que tuvo que gobernar a golpe de decreto. Era la única manera de llevar a cabo un programa que había apostado por aumentar los impuestos, reducir los beneficios sociales, recortar el número de funcionarios del gobierno y bajar los salarios de quienes conservaron el empleo.[67] Alemania se desenvolvía entre la desvitalización de los parados

65. Gerstle, Gary, *Auge y caída del orden neoliberal: La historia del mundo en la era del libre mercado*, Península, 2023, p. 32 (edición de Kindle).

66. Hiltzik, Michael A., *The New Deal: A Modern History*, Free Press, 2011 (edición de Kindle en inglés).

67. Weitz, Eric, *La Alemania de Weimar. Presagio y tragedia*, Turner, 2019.

y la hiperactividad de los empleados.[68] En ese contexto, las medidas ortodoxas, como las de Brüning, no podían tener buenos resultados: sólo empeoraron la situación. Hindenburg nombró canciller a Hitler el 30 de enero de 1933 y llevó al nacionalsocialismo al poder.

Franklin Roosevelt tomó una dirección muy diferente. Estados Unidos no sufría tan brutalmente como Alemania, pero la situación también era desesperada. Era imprescindible reconstruir la economía, generar empleo, ofrecer seguridad y estabilidad a una población que se hundía en el desánimo e impulsar las capacidades productivas del país. Había que asegurar la paz interior y ofrecer una esperanza de futuro. Para alcanzar ese objetivo, Roosevelt desarrolló un plan de acción económica apoya-

68. «Los alemanes vivían una situación de agotamiento. En la década de los veinte, incluso en sus mejores años, los despidos se habían incrementado», según Weitz. Hubo dos sectores especialmente afectados: los jóvenes, que tenían muy difícil encontrar un espacio en el mercado laboral, y los trabajadores de más edad, que eran percibidos como incapaces de ajustarse a los nuevos ritmos de trabajo. La productividad había aumentado a finales de la década respecto de 1923 gracias a dos factores perversos: se habían reducido las plantillas al mismo tiempo que se exigía mayor producción, y había regresado el trabajo a destajo. Como las retribuciones eran bajas, los operarios debían trabajar más y más rápido para obtener un salario razonable. Los accidentes laborales aumentaron. Muchos oficinistas se quedaban sin empleo a los cuarenta años, ya que, al igual que los obreros, eran percibidos como poco adaptados a unos ritmos de trabajo más veloces. El cambio era la constante: en 1930 sólo la quinta parte de los asalariados realizaba las mismas tareas que habían llevado a cabo sus padres. De los 11 millones de autónomos que estaban registrados en el censo de 1925, 7 pertenecían al sector agrario. El resto —tenderos, artesanos y profesionales liberales— sufrieron un aumento significativo de costes y la incontenible competencia de las grandes empresas, de modo que muchos de ellos hubieron de cerrar.

Las mujeres conformaban una parte importante de la mano de obra, dado que, al ser su salario más bajo (unas dos terceras partes de lo que percibía un varón), se las consideraba rentables. Puesto que ellas realizaban, además, las tareas del hogar, sus jornadas eran interminables: formaban parte de ese pueblo que se levantaba a las cinco y media de la mañana y no se acostaba hasta las once de la noche. Era un país que no dormía lo suficiente y que no tenía tiempo para descansar.

do en la legitimidad que le otorgó su aplastante triunfo en las elecciones. No aportó sólo un paquete de medidas relacionadas con el trabajo o con los impuestos: trajo consigo un nuevo espíritu que suponía una reacción frontal al individualismo liberal de la década anterior. Su programa no contenía grandes proclamas ideológicas. Estaba basado en unos pocos y contundentes preceptos: el bien público debía prevalecer sobre el derecho privado; el gobierno era el instrumento a través del cual el bien público debía perseguirse y conseguirse; y el objetivo de la acción gubernamental era la generación de oportunidades para todos los estadounidenses.[69]

La respuesta que el presidente Hoover había dado a la crisis fue la de atribuir los males estadounidenses al exterior. Estados Unidos había actuado de un modo correcto, pero las perturbaciones que sufría el continente europeo habían contagiado a su país, lo que provocó la crisis de 1929. Dado que no se trataba de un problema interno, se hacía preciso introducir medidas correctoras, como las ayudas al sector financiero y a las industrias, pero no era preciso un cambio de dirección. Las crisis servían para que las empresas menos eficientes desaparecieran y dejaran paso a las sanas, por lo que bastaba con esperar a que esa limpieza se produjera para que el sistema volviese a florecer.

Roosevelt apostó exactamente por lo contrario, ya que entendió que Estados Unidos tenía un problema en su raíz. El rumbo era equivocado. Mucho más allá de los planes de desarrollo, del impulso estatal a la economía, de las políticas cercanas al keynesianismo y de tantos otros elementos señalados como claves para el *New Deal*, lo cierto es que éste se afianzó a partir de una intención tenaz: las instituciones debían promover el bien común. La convicción principal de Franklin Delano Roosevelt no se apoyaba en un corpus doctrinal, sino en una idea moral: los financieros habían cobrado un poder excesivo que había llevado a la nación a una situación muy difícil, y había que someter a esa esfera a las normas. No había lugar en Estados Unidos para aquellos que perturbaban las virtudes del país y el equilibrio económico

69. Gerstle, Gary, *op. cit.*

en su propio beneficio. Ésos no eran los Estados Unidos que construyeron los padres fundadores. Para alcanzar ese propósito, resultaba indispensable que las leyes fueran aceptadas y respetadas, de modo que se pusiera fin a los excesos de la década anterior. Entre las distintas normas que dictó, hubo dos que fueron simbólica y materialmente decisivas en su mandato.

Un equilibrio moral

Roosevelt impulsó la acción estatal dirigida a crear empleo de la mano de los fabricantes estadounidenses, promovió la elevación de los salarios y una relación equilibrada entre sindicatos y empresarios, pero nada hubiera sido igual sin la Glass-Steagall Act. Con ella separó la banca comercial de la de inversión, reguló de manera más estricta a los bancos estadounidenses y creó la Corporación Federal de Seguro de Depósitos (FDIC). Pero, sobre todo, transmitió varios mensajes cruciales. El primero implicaba una firme restricción del crédito destinado a la especulación y abogaba decididamente por reorientar el capital hacia el entorno productivo: el dinero debía servir para impulsar la industria, el comercio y la agricultura. El segundo fue todavía más contundente: las decisiones sobre la creación de dinero debían situarse en Washington y no en Wall Street, como había ocurrido durante la década pasada. La Glass-Steagall Act[70] significó una restricción sustancial a toda acción financiera que no fuera destinada a impulsar de las capacidades del país. Roosevelt puso fin con ella a las políticas económicas darwinistas que habían reinado durante mucho tiempo en Estados Unidos.

La segunda medida relevante, de carácter más simbólico que material, fue el *Motion Picture Production Code*, que fue implantado en 1934, poco más de un año después de la llegada de Roosevelt a la Casa Blanca. El código había sido redactado en 1930 por una importante figura del Partido Republicano, William H. Hays, pero no entró en vigor hasta cuatro años después. En él se estable-

70. <https://www.federalreservehistory.org/essays/glass-steagall-act>.

cían una serie de reglas acerca de lo que podía mostrarse en las producciones cinematográficas, lo que suponía establecer *de facto* la censura. El cine era un medio con gran influencia social en la época y acotar los mensajes que podían ser difundidos se entendía imprescindible para modular y dirigir el ánimo social.

En ese contexto, una moralidad tan estricta como la que imponía el Código Hays parecía ir a contrapelo de los cambios que estaba forjando Roosevelt. La censura prohibía los desnudos, cualquier signo explícito de relación sexual, las blasfemias y las palabrotas, la descripción de un amor impuro en términos mínimamente favorables, y los besos que incitasen a la lascivia y el adulterio, salvo mínimas excepciones. También proscribía imágenes gráficas de la violencia y la crueldad, la explicitación de las técnicas para cometer crímenes, el tráfico y consumo de drogas o los excesos alcohólicos. Contenía una regulación minuciosa sobre asuntos de lo más dispar, desde cómo mostrar las camas de matrimonio en la gran pantalla hasta la prohibición de los chistes sobre viajantes de comercio o hijas de granjeros. Era un corpus notablemente puritano. Al mismo tiempo, el código promovía los valores comunitarios, la defensa firme de la nación y de la familia, así como el respeto a la ley: la venganza quedada prohibida y el crimen nunca debía resultar provechoso para quienes lo cometían. Las producciones cinematográficas debían incluir la alabanza de las instituciones, la celebración del poder de la democracia y la superioridad ética de los hombres honestos enfrentados a situaciones difíciles.

La visión rooseveltiana del Código Hays tenía un propósito de gran recorrido. Pretendía producir legitimidad: la aceptación de las normas era casi sagrada, puesto que contenía valores contra los que no se debía atentar. A cambio, ofrecía la promesa de una vida materialmente buena, el cumplimiento final de las aspiraciones individuales y la construcción de una sociedad de sólidos vínculos humanos. Este mundo idealizado que aparecía en las pantallas contribuyó a difundir el *New Deal* mucho más allá de una serie de medidas concretas, porque dotó al capitalismo estadounidense de un nuevo espíritu. Allí se dio cuerpo al sueño americano.

Roosevelt adoptó un marco conservador en las costumbres

porque era necesario. No había rastros en el discurso del *New Deal* del individualismo moralizante: era la hora de construir un futuro común y de realizar un esfuerzo colectivo para lograr un porvenir mejor para el país y para sus ciudadanos. La visión moral que transmitía era muy diferente: el control de los impulsos incesante estaba puesto al servicio de la reconstrucción nacional; el éxito del predestinado desaparecía para dejar lugar a la comunidad y a la nación. El mensaje tenía muchos destinatarios, no sólo las masas que visitaban las salas de cine.

El propósito de Roosevelt estuvo mucho más guiado por el pragmatismo que por la ideología. El *New Deal* se construyó a partir de la prueba y el error: se impulsó la economía en una dirección diferente, que fue explorando distintos caminos para conseguir sus objetivos. Roosevelt era un hijo de las clases afortunadas estadounidenses, de sus élites, y estaba muy lejos del socialismo y del comunismo. Y comprendió perfectamente las dos opciones con las que, en realidad, contaba: o incrementaba las diferencias entre estadounidenses, con lo que las capacidades del país se vendrían abajo y la democracia se destruiría (por un lado o por otro), u optaba por limitar los deseos de su aristocracia económica y la reconducía hacia el interés nacional. Eso significaba mayor coordinación con el Estado, salarios más elevados, empleos más estables y bienes que estuvieran al alcance de los trabajadores, pero también otro espíritu cívico. Roosevelt supo que era la hora de un nuevo equilibrio.

Algo por lo que vivir

El 27 de junio de 1936, una multitud de 100.000 personas se reunió en Franklin Field, Pensilvania, Filadelfia, para escuchar a Roosevelt pronunciar su discurso de aceptación de la candidatura demócrata, de cara a renovar su mandato. Su alocución, que llevó por título *Una cita con el destino*, constató que no iba a dar un paso atrás.[71]

71. <https://almanac.upenn.edu/articles/fdr-at-franklin-field-a-rendezvous-with-destiny>.

Su alocución se centró en el peligro que latía en una monarquía económica que quería reinar en Estados Unidos. Afirmó que, en 1776, su país había buscado la libertad enfrentándose a una tiranía, la de la aristocracia del siglo XVIII que gozaba de los privilegios que le otorgaba la corona. Siglo y medio después, la nobleza económica estadounidense había forjado una nueva opresión a partir de la concentración del poder. La vida cotidiana de una gran mayoría de ciudadanos había quedado en las manos de esta realeza: sometieron no sólo a trabajadores y agricultores, «sino a muchos miles de pequeños empresarios y comerciantes que utilizaban dignamente el sistema estadounidense de mercado». Los príncipes de estas nuevas dinastías económicas buscaron controlar el gobierno y lo consiguieron: «Las horas que trabajaban los hombres y las mujeres, los salarios que recibían, las condiciones de su trabajo... todo eso había quedado fuera del control del pueblo y había sido impuesto por esta nueva dictadura industrial. Los ahorros de la familia media, el capital del pequeño empresario, las inversiones destinadas a la vejez (el dinero de los demás) eran las herramientas que utilizaba la nueva realeza económica para afianzarse». Así perdieron su libertad, y con ella, la oportunidad de tener una vida decente, esa que proporciona «no sólo lo suficiente para vivir, sino algo por lo que vivir».

La igualdad política carecía de valor frente a la desigualdad económica: «Un pequeño grupo de hombres había concentrado en sus manos un control casi absoluto sobre la propiedad, el dinero, el trabajo y la vida de otras personas. Para muchos de nosotros, la vida ya no era libre; la libertad ya no era real; los hombres ya no podían perseguir la felicidad». Frente a esa tiranía, el ciudadano norteamericano «sólo podía apelar al poder organizado del gobierno». Las elecciones de 1932 fueron «el mandato del pueblo para poner fin al despotismo». 1936 debía ser la continuación de ese propósito. Y para ello tenía que proseguir el combate contra unos privilegiados que «se quejan de que buscamos derrocar las instituciones de Estados Unidos. Pero de lo que realmente se quejan es de que buscamos quitarles su poder. Nuestra lealtad a las instituciones estadounidenses requiere el derrocamiento de este tipo de poder. En vano tratan de esconderse detrás de la bandera y la Constitución».

La guerra que se estaba librando en Estados Unidos, subrayaba Roosevelt, estaba siendo exitosa: «Era una guerra contra la necesidad, la indigencia y la desmoralización económica». Y aún más que eso: era «una guerra por la supervivencia de la democracia. Estamos luchando para salvar una gran y preciosa forma de gobierno para nosotros y para el mundo».

Sus afirmaciones constataron que no iba a ceder ni un ápice en la visión con la que había llegado al gobierno cuatro años antes. En las elecciones de 1936, el presidente se impuso en los distritos de todo el país, menos en Maine y Vermont, los únicos en los que triunfó su contrincante republicano, el millonario Alfred Landon. Con 523 elegidos sobre un total de 531, Roosevelt consiguió el 98,49 por ciento del total de los colegios electorales.

Fue una derrota brutal para el Partido Republicano. Las ideas que estaban defendiendo, y que habían dado forma a la década de los veinte, habían sido masivamente rechazadas por los estadounidenses, ahora por segunda vez. Y conforme avanzaba la época, con la Segunda Guerra Mundial, la consagración de Estados Unidos como la primera potencia mundial y la amenaza de la URSS, la visión del partido conservador perdía cada vez más peso. Parecía que sus conceptos iban a acabar en el pozo de la historia. No fue así: encontraron un nuevo acomodo.

El conservadurismo insurgente

La llegada al poder en 1933 de Roosevelt, un hijo de las familias favorecidas del valle del río Hudson, concitó cierta esperanza entre las clases altas, en especial entre las industriales, a las que atrajo para su causa mediante su decidida intención de fomentar la producción y de mantener precios y salarios. El apoyo que recibió fue fluctuante, porque una parte de quienes confiaron en él se alejaron rápidamente, justo cuando entendieron el cambio real que pretendía llevar a cabo. En el ámbito financiero, la animadversión fue mucho mayor y se manifestó rápidamente. En

1934 se creó una asociación, la American Liberty League, formada por élites empresariales y políticos conservadores, cuyo objetivo era difundir información sobre los peligros que el *New Deal* traía consigo. Dado que el apoyo de Roosevelt entre la opinión pública y entre los votantes era creciente, la Liga decidió perseguir sus fines con nuevas tácticas y con un lenguaje diferente. Sus líderes debían ser personas con una imagen pública respetada, no figuras del mundo de los negocios; y su posición tenía que ser vista como liberal, no como rígida o reaccionaria. La Liga de la Libertad planteó la oposición al gobierno como una búsqueda de equilibrio: las empresas, a pesar de soportar buena parte de la actividad del país, tenían poca voz en el ejecutivo. Se presentó como un grupo no partidista, que aunaba a personas de distintos partidos y que buscaba «combatir el radicalismo, preservar los derechos de propiedad y defender la Constitución».[72]

Sus posiciones eran claramente hostiles con un gobierno federal al que acusaron de llevar a cabo políticas totalitarias de centralización del poder. Aseguraron que, desde las instituciones, se calificaba a los hombres de negocios como codiciosos y faltos de escrúpulos con el fin de instigar la lucha de clases. Atacaron a los mecanismos de Seguridad Social que se pusieron en marcha afirmando que serían un lastre demasiado pesado para una economía todavía frágil. En última instancia, el propósito de la administración Roosevelt era apoderarse de los ahorros de los menesterosos y repartirlos entre los menos afortunados. Ese camino significaría el fin de las ideas que fundaron Estados Unidos y del mercado mismo; era socialismo disfrazado.

Sus argumentos no tuvieron éxito en una época en la que la aceptación del *New Deal* era abrumadora. Una organización posterior, la Foundation for Economic Education ('Fundación para la Educación Económica'), creada en 1946 por el libertario Leonard E. Read, y compuesta por un buen número de empresarios y de personas afines al liberalismo, entendió que se debía plan-

72. Phillips-Fein, Kim, *Invisible Hands: The Businessmen's Crusade Against the New Deal*, WW Norton & Company, 2010, posición 255 (edición de Kindle en inglés).

tear la batalla de las ideas, pero de un modo más atrevido y directo. Read, que fue miembro de la sociedad Mont Pelerin, afirmaba que había que tener el coraje de defender la libertad: el objetivo de la Fundación era construir un faro intelectual que arrojase luz para el futuro.

El partido conservador ofreció una idea de progreso, crecimiento y bienestar que debía defenderse de las perturbaciones causadas por una población poco ilustrada, como ocurrió en la era del populismo, y de las posturas antimercado que aparecían en la era de los veinte. Dos décadas después, estaba luchando contra un gobierno al que acusaba de totalitario, ya que perturbaba el funcionamiento eficiente de la economía mediante políticas que conducían al socialismo. Si en aquel entonces jugaron la baza de la racionalidad, ahora apostaban por el coraje y la valentía. La primera posición era prosistema; la segunda, de combate contra el mismo. Los conservadores iban ahora contra la corriente: jugarían a la insurgencia.

Milton Friedman y George Stigler, dos de las grandes figuras que inspiraron las creencias que décadas después serían comunes, publicaron a mediados de los años cuarenta un texto, *Roof or ceilings*, en el que criticaban abiertamente los controles de rentas que el gobierno del *New Deal* había establecido para la vivienda, ya que los consideraban por completo ineficientes. Ayn Rand, la gran figura libertaria, y una intelectual en ascenso después de la publicación de *La rebelión de Atlas*, terció en la polémica, ya que le parecía una suerte de sumisión argumentar a partir de razonamientos económicos. Había valores que estaban por encima de los números: no era necesario rebajarse. La defensa del capitalismo tenía que basarse en los principios: las personas tenían un derecho inalienable a tomar las decisiones que quisieran y los propietarios a hacer lo que deseasen con su propiedad, y las obligaciones sociales no eran más que un mito utilizado por los débiles para minar a los mejores.

Pero tales creencias habían salido de escena tras la Gran Depresión. El lenguaje de la competencia económica y la superioridad moral de los ricos sonaba falso por completo. Hacía falta un marco nuevo, que Hayek y Mises trataron de crear a partir del concepto de libertad. No afirmaron que el libre mercado crearía abundancia material, aunque estaban seguros de ello, sino que haría libres a las personas. Los nuevos liberales aseguraban estar luchando contra la tiranía. No había valores sociales que estuvieran por encima de esa libertad que precisaba de un mercado no intervenido.[73]

Eran posiciones insurgentes, y por tanto ocupaban un lugar muy secundario en las preferencias sociales de la época. Ni siquiera el ámbito ideológico que les era propio estaba a favor de sus ideas. Figuras como Rand eran muy incómodas para grandes figuras del mundo conservador, ya que resultaban demasiado descarnadas y radicales. Cuando afirmaba que el altruismo y las convicciones cristianas sobre el bien común no eran más que un ardid de los débiles para someter a los seres con talento y poder, sus proclamas sonaban muy agresivas para el entorno religioso de los años cuarenta y cincuenta. Incluso blasfemas, ya que se atrevía a situar la libertad y el libre mercado por encima de Dios, en lugar de apoyar los valores religiosos que estaban en el centro del verdadero conservadurismo. A pesar de los esfuerzos de algunos personajes importantes en el ámbito empresarial, como J. Howard Pew, presidente de Sun Oil, y de la creación de asociaciones, como Spiritual Mobilization, cuyo objetivo era mostrar que los principios del libre mercado eran compatibles con las verdades divinas, la mayor parte de las iglesias estadounidenses continuaban ancladas en un espíritu socialmente *new dealer*.[74]

Las ideas de Friedman y Rand sonaban inconvenientes. Tardaron décadas en consagrarse. Sin embargo, fijaron un espíritu, que sería influyente a partir de entonces, y que poco tenía que ver con la moral protestante que había dado forma al capitalismo tradicional. La defensa del derecho a que el ser humano tomara sus decisiones sin constricción alguna encajaba muy difícilmente con los viejos ideales puritanos. A pesar de todo, posiciones tan contradictorias lograron fusionarse años después.

73. Phillips-Fein, Kim, *op. cit.*, posición 767.
74. Ibídem, posición 1274.

El liberalismo de la guerra fría

Eisenhower entendió claramente el mensaje que la sociedad americana estaba enviando. Tras la muerte de Roosevelt y el gobierno de Truman, el líder republicano logró recuperar la Casa Blanca para el Grand Old Party. Era la primera vez que se imponían en una elección presidencial en más de veinte años, por lo que la tentación de regresar a sus antiguas políticas económicas estaba presente en el partido. Robert A. Taft, hijo del expresidente William Taft, representaba esa corriente y le disputó la candidatura a Eisenhower. Hasta entonces el *New Deal* no era más que el programa político que había llevado a cabo un partido, el demócrata, como respuesta a situaciones excepcionales, la Gran Depresión y la guerra mundial. Era relativamente sencillo para los republicanos argumentar que, terminado el paréntesis, y dada la estabilidad económica de Estados Unidos, había llegado el momento de regresar al viejo y fuerte mercado abierto. Hubo presiones empresariales, porque era evidente la incomodidad de parte de las élites económicas con un sistema que otorgaba tanto peso al Estado, pero el partido en su conjunto era consciente del espíritu de la época. Los ocho años de mandato de *Ike* Eisenhower no modificaron las líneas económicas maestras implantadas por Franklin Roosevelt. Hubo ajustes legislativos, pero ningún cambio de dirección. Eisenhower fue para el *New Deal* lo mismo que Clinton para el neoliberalismo, su prueba de fuego:[75] la demostración de que la doctrina pervivía incluso cuando gobernaban los partidos que eran teóricamente opuestos a ella.

En realidad, los republicanos tenían un margen de maniobra escaso. La aceptación entre las poblaciones de los programas implantados por los demócratas, la fortaleza de los sindicatos, la creación de una economía sólida, reforzada por el papel hegemónico que Estados Unidos había alcanzado tras la Segunda Guerra Mundial, y la creación de un sueño americano que servía

75. Gerstle, Gary, *Auge y caída del orden neoliberal: La historia del mundo en la era del libre mercado*, Península, 2023, p. 41 (edición de Kindle).

como elemento cohesionador en su país y como referencia aspiracional para los aliados occidentales, ejercían de poderosos topes contra cualquier intento de regresar a la economía de mercado abierto. Y no era sólo el recuerdo de las dolorosas dificultades que había atravesado el país durante la Gran Depresión lo que empujaba a sostener la dirección tomada; había cambiado algo a nivel profundo. La idea del bien común había arraigado firmemente.

Desde luego, el sentir de la población no fue el único factor. La continuidad de Eisenhower respondía también a la necesidad de cohesión interna, a sus nuevos vínculos internacionales y a las exigencias de desarrollar las capacidades estadounidenses en el momento en que se habían convertido en los líderes del mundo libre. Los empresarios podían preferir más margen de maniobra e impuestos más bajos, pero siempre dentro de ciertos límites; las posiciones de Friedman o Rand eran percibidas como una suerte de atentado a las creencias americanas. Además, la introducción de medidas compensadoras en las cadenas empresariales había contribuido a crear nuevas clases medias locales y a impulsar a las élites territoriales, que habían recuperado vigor después de la época de la gran concentración financiera. El poder económico estaba más repartido internamente, lo que obligaba a satisfacer distintos intereses.

Estados Unidos también había cobrado una conciencia colectiva distinta. La mentalidad de la época queda bien reflejada en sus producciones culturales, especialmente en la cinematográfica, una de sus principales fuentes de poder blando. El tipo de valores que se difundieron con la llegada de Roosevelt a la Casa Blanca tuvo una traslación a las masas a partir de las producciones hollywoodienses, desde Frank Capra hasta John Ford, desde Billy Wilder a Howard Hawks o Fritz Lang, y desde los grandes éxitos hasta la serie B. Nada había en ellas del viejo republicanismo. Al mismo tiempo, Estados Unidos estaba viviendo un proceso de secularización, que se acentuó a partir de los años cincuenta, cuando el consumo se consolidó como la esencia de la vida americana. El crecimiento de la clase media, las necesidades autoexpresivas y la confianza en un progreso económicamente favorable eran elementos insoslayables, pero siempre bajo el peso de los valores colectivos. La creciente importancia de los sindicatos contribuyó a trasladar parte de la vida comunitaria desde la iglesia hasta el trabajo, alrededor del cual se articulaban muchas actividades del ocio familiar.

El factor decisivo para que las políticas de Roosevelt no desapareciesen, sin embargo, nacía de una lucha existencial, obligada por el liderazgo mundial estadounidense tras 1945. Estados Unidos era la gran potencia de la época: su economía funcionaba a pleno pulmón, su sistema político era estable, no había sufrido las sacudidas de la contienda, que se había librado fuera de su territorio, y se habían dejado atrás los años oscuros de la recesión. Sin embargo, su hegemonía chocaba con un rival poderoso, la URSS, que había crecido muy rápidamente, que tuvo un papel determinante en la guerra y que había conformado un bloque completamente opuesto en lo político y en lo económico al capitalismo de Washington.

La integración de Europa

Estados Unidos entendió que el principal escenario de la nueva guerra, la fría, iba a ser un continente que había quedado seriamente dañado. La salida de la Primera Guerra Mundial, con la solución que se estableció en Versalles, contribuyó a debilitar de manera notable las economías continentales: fue un desastre que creó las condiciones para que la Segunda Guerra Mundial se produjera. La experiencia no podía repetirse, y más cuando el enemigo soviético estaba asentado en el continente. Hacían falta nuevas soluciones pragmáticas que recogieran la realidad de los bloques enfrentados. La conferencia de Yalta y el nuevo orden económico creado en Bretton Woods las aportaron, pero también jugaron un papel las medidas exitosas que Roosevelt puso en marcha en su país.

La génesis del Plan Marshall es suficientemente reveladora respecto de las necesidades y de los temores estadounidenses, y de cómo respondieron a ellos. En un continente en gran parte destruido, el año 1946 trajo escasez de carbón y una cosecha muy pobre. El frío y el hambre de la posguerra creaban un clima muy favorable para que los comunistas continuaran con su penetración en Europa. En 1947, el vicesecretario de Estado Dean Acheson presentó varios informes al Congreso estadounidense en los que se describía cómo los comunistas franceses habían conseguido que sus altos mandos estuvieran presentes en «despachos gubernamentales, fábricas y servicios armados», e incluso en el mismo gobierno. Dado el peso con el que contaba el Partido Comunista francés, era probable que Rusia «desconectase Francia» y la colocase bajo la influencia soviética. Y después de Francia, llegaría el turno de Alemania.[76]

Estados Unidos decidió intervenir a través de un plan, presentado en junio de 1947 por el secretario de Estado George Marshall, que concedía 13.000 millones de dólares a fondo perdido a países europeos. No establecía cortapisas para que los gobiernos decidieran el destino de ese dinero, aunque se exigía que se reconstruyesen infraestructuras, industrias y mercados. No todos los Estados se vieron beneficiados por el plan, que sólo se destinó a naciones democráticas comprometidas con la libertad política.

El diseño del Plan Marshall puso a Alemania en el centro. Los países vencedores de la Segunda Guerra Mundial evitaron repetir los errores de la confrontación anterior, por lo que optaron por no cargar sobre los germanos el peso de la recuperación. A cambio, Berlín debía aceptar el protectorado militar estadounidense y comprometerse a no desarrollar un ejército poderoso. El propósito era doble. Por un lado, el corazón de Europa, la frontera con los países del ámbito soviético, estaría ocupado militarmente por las fuerzas americanas; por otro, se supeditaría al mayor país europeo a las necesidades de Washington. Con Japón ocurrió algo similar. Las dos grandes potencias aliadas se convirtieron en países con enorme fuerza comercial, pero no militar, por lo que no podían desafiar de ninguna manera el poder estadounidense. Fueron aliados incondicionales durante todo el tiempo de la guerra fría, y también después de ella.

76. Gerstle, *op. cit.*, p. 42.

Todo eso estaba presente de modo embrionario en el Plan Marshall, que era parte del diseño de una recomposición del capitalismo liberal que permitiera hacer frente a la URSS. Estados Unidos impulsó en Europa democracias con una amplia participación de partidos políticos de todo signo (excluidos los nazis y fascistas, y con la socialdemocracia como sustituto de los partidos comunistas) y fomentó una participación estatal elevada que permitió la reconstrucción tras la guerra. Los años posteriores a la Segunda Guerra Mundial terminaron ofreciendo como resultado un nivel de bienestar entre los ciudadanos europeos, en especial en los países más cercanos a la URSS, inédito en la historia.

Esta nueva arquitectura económica, tanto en el interior de Estados Unidos como en los países aliados, era la respuesta al problema que planteaba la URSS. Durante los años cincuenta, el crecimiento soviético fue mayor que el europeo. Rusia había pasado en pocas décadas de estar sumida en el siglo XIX a convertirse en la segunda potencia mundial, y su desempeño en la guerra lo había demostrado.

Con el final de la contienda, la URSS no sólo construyó un bloque con las naciones europeas que llevó a su órbita, sino que consiguió una significativa capacidad de atracción en los países gobernados por la democracia liberal. La presencia de los partidos comunistas en la política occidental planteaba una nueva amenaza, ya que su ideología podía seducir a las clases trabajadoras del sistema capitalista: había que establecer diques sólidos para evitar el quintacolumnismo.

La lucha contra el enemigo interno tuvo consecuencias en la política de Estados Unidos. Los conservadores no impugnaron las políticas económicas de Roosevelt, pero sí la permisividad que le atribuían al *New Deal* respecto de las ideas socialistas o marxistas. El combate contra la penetración de ideologías perturbadoras en los sindicatos, la universidad, la cultura y en los medios de comunicación estadounidenses fue un nuevo objetivo. El macartismo formó parte de ese impulso: había que destruir el potencial de atracción del comunismo. La creación de las agencias de inteligencia fue un paso adelante en ese sentido. La guerra fría, así como la defensa de los intereses estadounidenses en el mundo, imponía nuevas obligaciones que requerían de otros instrumentos.

Un Informe del Consejo de Seguridad Nacional publicado en 1950 declaraba que Estados Unidos combatiría la amenaza comunista allí donde fuera necesario y que emplearía todas las armas de su arsenal (militares, económicas, políticas y psicológicas) «para proteger el mundo libre».[77] Se fraguó una reacción en distintos órdenes. En el plano interno, la presión política llevó a que muchos liberales se volvieran prudentes en sus manifestaciones públicas para no ser acusados, no ya de filomarxistas, sino de complacientes o ambiguos con una ideología revolucionaria; la prosperidad del país fue difundida por el mundo como una parte relevante de su poder blando; la relación con Europa cobró una nueva dimensión, porque la difusión de la democracia y la mejora en el nivel de vida fueron de la mano, lo que creó una poderosa clase media. Políticamente, fue el gran descubrimiento de la época: se podía combatir al comunismo mediante la disuasión armamentística, las armas económicas y la propaganda, pero lo más eficaz fue la creación de sociedades estables en las que el nivel de vida aumentaba. Una amplia clase media era la mejor barrera contra las tentaciones radicales y la mejor propaganda para minar la confianza del bloque soviético, gracias a la producción masiva y a la generalización de los bienes. En otras regiones mundiales, la lucha contra el comunismo tuvo expresiones bastante más crudas (como en Asia o en Latinoamérica), pero en Europa fue el estado del bienestar su instrumento más poderoso.

Éste fue el contexto en el que el nuevo conservadurismo se desarrolló realmente. Las posturas de Rand o de Friedman podían añadir una nota de color, pero resultaban marginales. Los conservadores encontraron un doble espacio de influencia: por una parte, el sector de política exterior, las agencias de inteligencia y el aparato militar se nutrieron de personas que hacían de la lucha contra los soviéticos su señal más distintiva; por otra, en el ámbito político se conformó una nueva mentalidad ideológica,

77. Gerstle, *op. cit.*, p. 59.

que acabó por ser dominante, la del liberalismo de la guerra fría, que se construyó alrededor de un centro político que pretendía rechazar las perniciosas tentaciones ideológicas.

La mentalidad preventiva

El pensamiento que los conservadores desarrollaron en la década de los cincuenta estuvo muy influido por Isaiah Berlin y su diferencia entre libertad positiva y libertad negativa. El filósofo británico subrayaba la autonomía moral del ser humano como un valor fundamental: no debían existir constricciones externas, la primera de ella la estatal, que menoscabasen el poder de decisión privado. Ésa era la libertad negativa. La positiva, la libertad para «hacer algo», implicaba la capacidad de autodeterminación del ser humano. Sin embargo, cuando ésta entraba en la política como una idea colectivamente transformadora, conllevaba el riesgo de caer en la tiranía, en el sentido de que tendía a restringir la libertad de otros ciudadanos. Debía manejarse con extremo cuidado, en la medida en que esas aparentes buenas intenciones acababan generando efectos perversos. Los deseos de lograr una sociedad más justa solían acabar en totalitarismos, y el comunismo era el mejor ejemplo. Era necesaria una templanza en el uso de la libertad que evitase desatar las pasiones políticas que terminaban en pesadillas.

La intervención del Estado en la economía había sido percibida durante mucho tiempo como el primero de los problemas por el ámbito republicano, puesto que, bajo la coartada de la persecución de valores comunes, se alentaba un intento de control que producía perturbaciones profundas. La guerra fría aportó una traslación de esa lectura a la política. El Estado funcionaba de verdad cuando se aseguraba de que los ciudadanos pudieran trazar sus propios planes. La creencia en que la sociedad podía mejorarse a través de la intervención de los gobiernos, aunque fuera en su vertiente más benigna, acababa produciendo muchos más males que beneficios: aumentaba las formas de control social, restringía las libertades en la vida privada y deterioraba la democracia. Los regímenes gobernados mediante el capitalismo liberal no sólo debían alejarse de esas tentaciones, vinieran del lado de la derecha o de la izquierda, sino que tenían que combatirlas firmemente cuando se producían.

En consecuencia, el liberalismo de la guerra fría se describió a sí mismo como una posición política moderada y autocontenida que evitaba la llamada de las pasiones ideológicas. La idea del liberalismo como una ideología atemperada que evitaba los extremos y no se dejaba guiar por las tentaciones recibió un gran impulso gracias a la difusión intelectual de la que gozó en esos años. Era un contexto relativamente favorable. Si al otro lado estaba el comunismo, era sencillo apostar por la libertad como valor principal: Occidente debía optar entre la racionalidad sensata o la agitación radical de empresas ideológicas sin fundamento ni horizonte.

Esta versión del liberalismo restringía sus propios efectos, ya que eliminaba algunas de las bases ilustradas sobre las que nació, y minaba su potencial transformador.[78] Pero, más allá de los conceptos teóricos, la realidad es que se aplicó con un propósito principal: domeñar el potencial disruptivo de las ideas políticas que aspiraban a un mundo diferente, con el combate al comunismo en primer lugar. Esa mirada templada sobre la política escondía un marco mucho más restrictivo del que proclamaba, en gran medida porque su ejecución práctica mostraba una escasa tolerancia al riesgo. La idea central de esa época es que perturbaciones aparentemente menores podían crecer, si no se detenían a tiempo, hasta convertirse en desafíos muy serios. Como el cáncer, era esencial detenerlas cuando aún estaban en el momento embrionario y no habían alcanzado la fase metastásica. En política exterior, esta visión quedó plasmada en la teoría de la manzana podrida, según la cual una pieza en mal estado podía contaminar a las restantes de la cesta. América Latina fue una zona geográfica en la que esa doctrina se aplicó de manera sistemática: Estados Unidos intervino para derrocar a diversos gobiernos,

78. Moyn, Samuel, *Liberalism against Itself: Cold War Intellectuals and the Making of Our Times*, Yale University Press, 2023.

como el guatemalteco en 1954, o el brasileño en 1964, ya que podían convertirse en un puente de los soviéticos en el continente. En Europa, Estados Unidos entendía que, en los países del sur, cuyas poblaciones resultaban más difíciles de dominar, la democracia no podía funcionar,[79] por lo que no dudaron en establecer alianzas con dictaduras como la de Franco, ya que contendrían mejor al comunismo.

Fue una mentalidad que estuvo a punto de conducir a una guerra mundial nuclear con la crisis de los misiles de Cuba: John F. Kennedy fue empujado hacia la confrontación por sectores militares que, conscientes de la superioridad estadounidense, estaban convencidos de que ganarían la guerra. Su argumento estaba basado en la idea de que, por mucha destrucción que provocase una contienda nuclear, incluso en su propio territorio, la victoria caería de su lado. Sin embargo, si esperaban a que los comunistas desarrollasen su armamento, la guerra tendría lugar igual, pero en un momento del futuro en que los enemigos estarían mucho mejor equipados. Era esencial cortar de raíz esa posibilidad, al precio que fuera. Kennedy y Kruschev fueron capaces de establecer negociaciones al margen de los aparatos oficiales y, gracias a ese canal, frustraron las aspiraciones de sus respectivos halcones y preservaron la paz. La caída pacífica del comunismo décadas después demostró hasta qué punto se trataba de una visión equivocada.

Las esferas paralelas

El liberalismo de la guerra fría tuvo, pues, dos caras inseparables: la de su expresión ideológica, favorable a la democracia y a la discusión razonable sobre ideas, y la de la prevención contundente frente a los riesgos que implicaban las ideas políticas perversas. Eran dos elementos tan opuestos como complementarios: las visiones de Berlin, Popper, Arendt o Arthur Schlesinger Jr. podían ser difundidas como clave de bóveda del edificio li-

79. <https://blogs.elconfidencial.com/alma-corazon-vida/tribuna/2018-02-21/europa-eeuu-atacan-espana-vagos-irresponsables_1525003/>.

beral, pero los elementos macartistas jugaban un papel relevante. Las élites académicas, los intelectuales izquierdistas, los periodistas o los sindicalistas aparecían como una nueva fuente de riesgos, al igual que los partidos socialistas en las democracias europeas. La defensa del individualismo y la virtud cívica convivían con el espíritu paranoide señalado por Richard Hofstadter.[80]

Esa doble cara tenía una aplicación evidente en el terreno del juego político: las ideas afines al comunismo no formaban parte de la democracia, sino que eran un límite ante el cual no se podía claudicar. El diálogo y el consenso resultaban necesarios y convenientes en el juego parlamentario, así como a la hora de acordar metas comunes, pero sólo hasta cierto punto. El conflicto con el socialismo soviético lo era entre el bien y el mal y, por lo tanto, no cabía el diálogo con él, sólo el compromiso de luchar hasta el final. Las ideas colectivas transformadoras, de la clase que fueran, sólo pretendían abrir la puerta y convertirse en cabeza de puente de un enemigo declarado de Estados Unidos. Dado que no se podía acabar con ellas porque, como el mal, siempre aparecerán en el corazón del hombre, era preciso ejercer una tarea de vigilancia y prevención continua que impidiera que los malvados puedan extender su influencia y pudrir, como las manzanas, el cesto de la sociedad.

Ésa era la otra parte del liberalismo de la guerra fría, sin el cual no podía prosperar. Había dos Estados Unidos que iban de la mano, el del sueño americano, la prosperidad y la democracia, y el del enfrentamiento con el mal. Leo Strauss señaló que «Estados Unidos debe su grandeza no sólo a su adhesión habitual a los principios de libertad y justicia, sino también a su ocasional desviación de ellos».[81] Roberto Calasso definió esta dualidad al afirmar que, «de lo que ha ocurrido entre 1945 y hoy pueden escribirse dos historias paralelas: la de los historiadores, con todo su complicado aparato de parámetros, entre cifras, masas, partidos, movimien-

80. <https://harpers.org/archive/1964/11/the-paranoid-style-in-american-politics/>.

81. Citado en <https://www.scottlucas.me/peter-thiels-apocalypse>.

tos, negociaciones, producciones; y la de los servicios secretos, punteada de asesinatos, trampas, traiciones, atentados, engaños, envíos de armas. Sabemos que una y otra son insuficientes, que una y otra pretenden ser autosuficientes, que jamás podrán traducirse una en otra y que proseguirán su vida paralela».[82]

Esta doble dirección era parte intrínseca de la mentalidad americana. Si el viejo capitalismo ligado a la religión subrayaba las tentaciones que aparecían en la vida cotidiana, no ya en forma de lujuria, sino de dispendio, pereza y exceso, la guerra fría aportó una vuelta de tuerca a ese esquema, ya que el mal no aparecía envuelto en vicios privados que incitaban a la ociosidad, sino a la tentación absurda de crear un paraíso en la tierra. El peligro no residía tanto en la existencia de esas ideas, sino en la debilidad del ser humano a la hora de encararlas. Para controlar el exterior, había que dominar primero el interior.

Esa tensión entre la promoción de la democracia y la necesidad de control, entre la libertad y sus límites infranqueables, contenía una contradicción que mostraría sus efectos en las décadas posteriores. Daniel Bell, un conservador particularmente perspicaz definió con precisión el nuevo escenario político, que se dividía en dos direcciones: «Una destaca la racionalidad funcional, la adopción tecnocrática de decisiones y las recompensas meritocráticas; la otra, los humores apocalípticos y los modos antirracionales de conducta. En esa disyunción reside la crisis cultural histórica de toda la sociedad burguesa occidental. Esta contradicción cultural constituye, a la larga, la división de la sociedad más cargada de consecuencias».[83]

La nueva era

Del 21 al 28 de febrero de 1972, el presidente Nixon visitó China. El líder del país capitalista más importante del mundo se reunió

82. Calasso, Roberto, *La ruina de Kasch*, Anagrama, p. 283 (edición de Kindle).

83. Bell, Daniel, *op. cit.*, p. 89.

con Mao Tse-Tung, el máximo dirigente del Partido Comunista chino, con un objetivo expreso, contrarrestar el poder de la URSS. Por más que sus ideologías les situasen en lugares contrarios, Estados Unidos y China compartían algunos intereses. Kissinger, que fue el tejedor del encuentro, era plenamente consciente de que alejar a Pekín de Moscú resultaba indispensable para la partida geopolítica mundial. Nixon consiguió su propósito, puso las bases para debilitar a los soviéticos y generó involuntariamente las condiciones de posibilidad que permitieron, décadas después, que China se convirtiera en una gran potencia.

El aparente vínculo contra natura de Washington con Pekín tuvo lugar en un contexto histórico muy relevante, que Kissinger detalla convenientemente en *Liderazgo*.[84] Estados Unidos era la referencia del mundo libre, pero estaba sufriendo profundas heridas internas que se veían acompañadas por el agotamiento del *New Deal* como programa económico.

La naturaleza de la crisis estadounidense estaba enraizada en cambios culturales impulsados durante unos convulsos años sesenta. Las aspiraciones de las nuevas generaciones nada tenían que ver con el sueño americano que se asentaba en la vida de los suburbios, en esas afueras de la ciudad donde las familias convivían en comunidades que observaban las normas y en las que disfrutaban de las comodidades del progreso y de los *country clubs*. Esas clases medias habían tenido muchos hijos (el *baby boom*) y éstos mostraban nuevas aspiraciones: la explosión contracultural, el desarrollo del *rock and roll*, la rebeldía como valor y el auge de las drogas no podrían entenderse sin ese carácter juvenil. Al mismo tiempo, los deseos de liberación habían creado una nueva progresía que no sólo ahondaba en los elementos económicos, sino que insistía en la ampliación de los derechos posmateriales: ningún Código Hays podía mantener a raya a una sociedad que crecía en número y que deseaba emprender nuevos rumbos. Políticamente, los asesinatos de los hermanos Kennedy y de Martin Luther King, la reivindicación de derechos raciales y

84. Kissinger, Henry, *Liderazgo: Seis estudios sobre estrategia mundial*, Debate, 2023.

el nacimiento de nuevas fuerzas izquierdistas, que regresaban tras el retroceso de la década de los cincuenta, habían generado cambios profundos.

Con ese telón de fondo, el fracaso en Vietnam fue doblemente sangrante. La incapacidad para derrotar a unas fuerzas con recursos muy inferiores, la conciencia creciente en la sociedad estadounidense de la crudeza y la inutilidad de la guerra y el desgaste económico hirieron el prestigio estadounidense. La retirada del país, abandonando a sus socios, generó esa idea, enunciada por Kissinger, de que ser enemigo de Estados Unidos suponía un problema, pero ser un aliado lo era todavía mayor.

Sin embargo, lo más preocupante para el *establishment* estadounidense no fue el hecho bélico, y ni siquiera la oposición de la sociedad y las revueltas que se extendieron por el país. La conciencia de que las clases dirigentes de Estados Unidos estaban dividiéndose fue mucho más dañina. Por primera vez, se lamentaba Kissinger amargamente, los valores comunes del país se ponían en entredicho. Hasta entonces, las discusiones tenían que ver con los medios más adecuados para alcanzar fines en los que existía coincidencia, pero Vietnam supuso una división entre sus élites, ya que parte de ellas consideraron que la guerra era inmoral y contraria a los intereses norteamericanos. El conflicto bélico terminó en un gran *shock*, un ejemplo de lo que nunca debería ocurrir: incluso información clasificada fue filtrada y publicada por los grandes medios de comunicación. Estados Unidos estaba perdiendo el propósito moral construido décadas atrás: el liberalismo de la guerra fría se estaba deshilachando.

Al mismo tiempo, el régimen de alianzas surgido de la Segunda Guerra Mundial mostraba grietas inesperadas. La visita que realizó Nixon a Europa en 1969 le mostró claramente que el continente ya no seguía al pie de la letra los intereses estadounidenses. Las revueltas de 1968 mostraban un alarmante aumento de las tendencias izquierdistas, y los principales países europeos, como la Francia liderada por De Gaulle, una Alemania girada hacia la *ostpolitik* y una Italia donde cobraba peso el Partido Comunista, estaban centrados en ganar autonomía respecto de Washington. La disparidad sobre qué retos globales eran percibidos como comunes iba en aumento, y Kissinger estaba preocupado por el menor grado de cooperación de la OTAN fuera de las zonas del tratado. Por si fuera poco, Japón y Europa crecían económicamente y presionaban para que se cambiasen más dólares por oro, mientras Estados Unidos iba camino del estancamiento.[85]

El riesgo de la pérdida de influencia era real, lo que asustaba en Washington. Las líneas maestras trazadas a partir de 1945 ya no parecían tan eficaces. Era necesario un revulsivo, del que la visita a Pekín formaba parte, y que comenzó en 1971. En mayo de aquel año, la economía estadounidense arrojaba un déficit en la balanza comercial por primera vez en lo que iba del siglo XX. Como respuesta, Nixon utilizó los aranceles y puso fin a la conversión de dólares en oro. Era, en apariencia, un intento de restablecer el equilibrio comercial, pero sobre todo implicaba la afirmación del poderío estadounidense a partir de uno de sus puntales, la moneda. La amenaza que Estados Unidos sufría en el terreno de la producción la sofocó asentando su hegemonía en las finanzas. Las consecuencias fueron sustanciales, en la medida en que fue el comienzo del fin del sistema instaurado en Bretton Woods, desplazó el equilibrio de poder desde las burguesías productivas hacia el capital financiero, e inició la apertura de los mercados mundiales de capital (lo que se conseguiría con la llegada al poder de Reagan). El tercer elemento que puso en juego fue el de la energía. La crisis que se vivió en 1973 a partir del notable incremento de los precios del petróleo benefició mucho más a Washington que a Europa o Japón,[86] sus rivales comerciales de la época.

Nada de esto se produjo sin consecuencias internas para Estados Unidos. Los salarios se estancaron a partir de 1973, debido a una fuerte caída de la productividad, que continuaría hasta 1995. Tampoco se solucionaron los déficits comerciales, que aumentaron año tras año y generaron desequilibrios globales. La crisis hizo crecer el desempleo y comenzó un largo ciclo en el

85. <https://www.elconfidencial.com/cultura/2023-04-15/eeuu-problema-historia-peor-dolar-china-rusia_3610826/>.

86. Harvey, David, *El nuevo imperialismo*, Akal, 2004, pp. 62 y ss.

que las diferencias de recursos entre estadounidenses crecieron.[87] La inestabilidad política no cesó. Ése fue el principio del fin de los denominados treinta gloriosos, las tres décadas posteriores a la Segunda Guerra Mundial, las de la creación del estado del bienestar, y el comienzo de un orden político y económico, que fraguaron Thatcher y Reagan, y que sostuvo la hegemonía estadounidense en la era de la globalización.

Las razones del éxito

El agotamiento del programa económico surgido del *New Deal* fue también ideológico, ya que incluso la formación que lo había impulsado, la demócrata, tomó distancia. Buena parte de sus medidas, desde la arquitectura antitrust hasta el foco en el trabajo, se percibieron como un problema para solventar las dificultades del país, pero también para atraer al electorado: ser anti-Roosevelt se convirtió en una suerte de emblema entre los demócratas, la mayoría de ellos de distritos suburbanos ricos. Los asuntos posmateriales (política exterior, raza, género y medio ambiente) ocuparon el centro de la escena. Para el final de la década, el presidente Carter optó por mantener políticas que no combatían el desempleo ni promovían el crecimiento.[88]

Los malos tiempos económicos permitieron que los republicanos recuperasen las viejas señas de identidad, ligadas al libre mercado, la ausencia de interferencia estatal y el crecimiento económico a partir de la desregulación. Tras años en que habían debido relegar sus ideales, la crisis impulsó su regreso, ahora revestido de una nueva fe. El giro desde lo productivo hacia lo financiero, con el nuevo papel del dólar, acompañó el programa conservador tanto en política exterior como en lo referido a la economía. La desconfianza en el Estado, la necesidad de la reba-

87. Stein, Judith, *Pivotal Decade: How the United States Traded Factories for Finance in the Seventies*, Yale University Press, 2011, posición 101 (edición en inglés de Kindle).

88. Ibídem, p. 94.

ja de impuestos y la regulación como impedimento para el bienestar material cobraron una fuerza que era impensable sólo diez años antes. Además, a pesar de que los recursos de la manufactura se desviaron hacia las finanzas y la vivienda, la función del dólar como moneda de reserva atrajo financiación externa que consiguió que los estadounidenses mantuvieran elevados niveles de consumo a pesar del estancamiento de los salarios.

Sin embargo, el conservadurismo reaganiano llegó al poder por razones que fueron más allá del giro sistémico estadounidense. El país estaba sumido en el descontento, pero el factor que lo canalizó a favor del Partido Republicano, y que le granjeó un apoyo electoral muy amplio, fue cultural. Si bien el contexto, con los efectos de la crisis del petróleo y la pérdida de actividad industrial, colocaba el foco sobre los asuntos materiales, hubo un marco narrativo que permitió reunir las preocupaciones estadounidenses en un solo núcleo.

El paso del *New Deal* al neoliberalismo fue posible por la confluencia de cambios sociales que poseían una gran carga de profundidad. El capitalismo liberal se había transformado tras el giro de Nixon y, por tanto, precisaba de una sociedad con una mentalidad muy diferente para poder expandirse sin grandes fricciones. Los cambios en la cultura, en los estilos de vida y en las aspiraciones privadas, poco tenían que ver con los elementos morales que una vez cohesionaron a la sociedad. El capitalismo de consumo que se había desplegado en la época del *baby boom*, que había penetrado en todas las capas sociales y que estaba enraizado en la psique estadounidense, se había alejado sustancialmente de la ética fundada en el trabajo y en sus recompensas graduales. El hedonismo del bienestar, las comodidades y el lujo, por un lado, y las necesidades de la autorrealización por otro, se habían convertido en el motor del sistema económico. La aparición de las cuestiones posmateriales no tenía únicamente que ver con la demanda progresista de más libertades, o con la confrontación con los micropoderes (paternal, varonil, profesoral, racial, de género), sino con la misma esencia del sistema. Para desarrollar una sociedad de consumo exitosa, el enraizamiento en el trabajo, la familia o la comunidad eran muy poco funcionales. En un país cuyos ciudadanos cubrían las necesidades básicas, la vía del crecimiento a través del consumo implicaba la adquisición de bienes, superfluos o no, que otorgasen estatus, distinción, identidad, comodidad o placer, y librarse a ellos tenía muy poco que ver con las virtudes, no ya de la frugalidad protestante, sino con la moderación en las vidas privadas que el sistema había impulsado. Este choque erosionó el espíritu nacional, ya que dividió a la nación. Como subrayaba Daniel Bell, «si el orden social carece de una cultura que sea una expresión simbólica de alguna vitalidad o de un impulso moral que se convierta en fuerza motivacional o vinculatoria, ¿qué puede mantener unida a la sociedad, entonces?».[89]

Era una pregunta que debía resolverse: en un entorno cada vez más individualista, ¿cómo generar una visión colectiva que pudiera servir de pegamento social? Porque nada de lo que aparecía por el horizonte parecía indicar que esa mirada común estuviera tejiéndose. Las alarmas de los años setenta acerca de la escasez futura de petróleo, los temores nucleares, ya fuese por una guerra o por un accidente en una central, el creciente paro, la inflación y la penetración de las drogas daban forma a una sensación de agotamiento y de decadencia que disolvía las comunidades. Al mismo tiempo, la aceptación de formas sexuales hasta entonces relegadas, las demandas de mayor apertura en los modos de vestir y de expresarse y el rechazo de formalismos eran crecientes; los incipientes ordenadores señalaban saltos cualitativos. La tradición no servía para abordar los tiempos, incluso iba en contra de ellos.

La debilidad moral

Reagan dio una respuesta a la pregunta de Bell. Las bases de su discurso se construyeron durante los años setenta, cuando regresaron a escena los economistas que habían pasado décadas relegados, como Milton Friedman, y cuyas propuestas, como la refor-

89. Bell, Daniel, *op. cit.*, p. 89.

ma de un Estado anquilosado e intervencionista y la apertura hacia el libre mercado, comenzaron a ser percibidas como el mejor camino para el futuro. Pero, al mismo tiempo, los republicanos pusieron en marcha un relato cultural, que fue su arma de convicción definitiva.

Reagan prometió una suerte de renacimiento del país. No habló de mejoras, no insistió en solucionar pequeñas parcelas de los problemas pendientes, sino que ofreció un nuevo modelo mediante el cual las cosas cambiarían radicalmente. La libertad estaba en el centro de su esquema ideológico, y ese concepto tenía que ver fundamentalmente con la liberación de las energías individuales, apagadas por un Estado intervencionista que había cargado demasiado peso sobre sus espaldas. Estados Unidos perdía vigor porque gastaba demasiado en satisfacer las demandas de unos ciudadanos cada vez más exigentes. Los políticos, en lugar de actuar de manera responsable, satisfacían esas peticiones para ser reelegidos. Esa sobrecarga del Estado ahogaba la iniciativa privada, con el efecto añadido de que las personas con más capacidad e iniciativa veían sistemáticamente perturbados sus proyectos. Existía un entorno disuasorio que no permitía aprovechar el talento: era como si Estados Unidos odiase a los mejores.

El enfoque sobre el bien común y la libertad que adoptaron los republicanos fue la readaptación de un viejo ideario: el bien común se construía dejando que los actores más eficientes prosperasen y que los menos adaptados cayeran. Había que dar paso a la economía del *trickle-down* (o del derrame), según la cual las ganancias que consiguieran las capas con más recursos volverían a la sociedad, en forma de consumo e inversión, y generarían prosperidad. La solución era fácil: si desaparecía el intervencionismo, las reglas eran pocas y sencillas y se permitía florecer a los mejores y los más brillantes, se alcanzaría el bienestar del país. Si se liberaban las energías cautivas, Estados Unidos volvería a gozar del vigor perdido.

Esa posición obligaba a una moral que evitase las contradicciones con el viejo conservadurismo. Si la sociedad se volcaba en el consumo conspicuo o si la gente con más recursos no mostraba humildad o contención, era porque los mejores tenían derecho a gozar de las ventajas del éxito. La exhibición ostentosa de los bienes resultaba un asunto secundario: lo relevante era que los estadounidenses contaran con el contexto adecuado para desarrollar sus capacidades, sus deseos y sus sueños. Quienes se encontraban en un lugar menos afortunado debían esforzarse, formarse y encontrar su camino, no poner la zancadilla a los que destacaban. Un entorno libre era también justo, porque finalmente cada cual conseguiría lo que se merecía, sin interferencias indebidas.

La libertad, sin embargo, tenía que complementarse con el orden, un valor que estaba en el centro de la crisis cultural que afrontaba Estados Unidos. Los conservadores percibían que la vida cotidiana estaba atravesada por un exceso de permisividad. Los cambios en las costumbres habían llevado a que el amor a la patria se cuestionase, a que la autoridad fuese despreciada, a que se primase la sentimentalidad frente a la racionalidad o a que se exaltasen las formas de autorrealización más secularizadas. Desde el punto de vista republicano, aquellas tendencias habían ido demasiado lejos, por lo que era necesario un freno contundente, pero eso encajaba mal con la idea de libertad. Si el respeto a la iniciativa privada y al poder de decisión en la vida individual estaban en el centro, había que mantener esa apuesta también en el ámbito de las costumbres: no tenía sentido manifestarse en contra de las distintas sexualidades o prohibir el aborto si la libertad era el valor supremo. En este sentido, como en tantos otros, el conservadurismo chocaba de frente con el liberalismo. Sin embargo, los republicanos lograron evadir esa trampa a través de una narrativa que se difundió masivamente y cuyo marco dio forma a una parte relevante de los productos culturales de los años setenta. Es importante subrayar que no fue Milton Friedman quien dio el voto popular a Reagan, sino *Harry el sucio*.

En los años en que ese relato comenzó a desarrollarse, las grandes ciudades estadounidenses daban señales de un notable deterioro. Nueva York fue el mejor ejemplo. La crisis fiscal, que dejó a la alcaldía sin recursos para pagar sus gastos operativos en febrero de 1975, era un síntoma claro de la decadencia. Las noticias sobre los delitos en el metro fueron habituales en los grandes medios, que subrayaban el aumento de la delincuencia callejera debido a los asaltos, la prostitución y el trapicheo. Nueva York era una ciudad progresista, con sistemas de protección social amplios, que incluían desde hospitales públicos hasta educación universitaria gratuita pasando por los precios baratos para el transporte público. Al mismo tiempo, perdía población, porque sus clases medias se mudaron a los suburbios, lo que drenó sus ingresos. La falta de recursos dio como resultado una ciudad sobrecargada que no podía afrontar sus gastos ni asegurar el orden público. Fue el tiempo de los pánicos morales, en los que la delincuencia resultó un factor decisivo. El temor a un encuentro violento recorría las grandes ciudades. Las fuerzas del orden parecían impotentes, no ya para prevenir el crimen, sino para detener a los criminales y ponerlos entre rejas. El sistema estadounidense, aseguraban los conservadores, protegía al delincuente e impedía a los policías cumplir con sus funciones. Se explicó repetidamente a los votantes que la causa del incremento de los delitos era la impunidad: se capturaba a los criminales, pero entraban en el juzgado por una puerta y salían por la otra, ya que el sistema, y quienes lo aplicaban, habían elegido una deriva liberal de la norma que favorecía a quienes infringían la ley.

Es en ese contexto que surge *Harry el sucio*, una popular figura justiciera interpretada por Clint Eastwood. Las bases narrativas de la franquicia cinematográfica retrataban esas ciudades deterioradas y corruptas a través de la mirada de un detective arisco y misántropo, pero muy eficaz a la hora de encarcelar a los criminales. Sin embargo, las acciones de Harry se veían sistemáticamente obstaculizadas por las órdenes del alcalde y de sus superiores, siempre pendientes de los aspectos menores de la política, y de los fiscales y jueces, que aplicaban las leyes de un modo laxo. Harry se saltaba las reglas, porque seguirlas era hacer el juego a los delincuentes. El uso de la violencia que aparecía en las películas llevó a que se las acusara de protofascistas, como ocurrió con otras semejantes, como las protagonizadas por Charles Bronson. No obstante, el género se hizo popular porque su perspectiva encajaba con una lectura sobre los males sociales que era habitualmente difundida por los medios. *Harry el Sucio* era una suerte de continuación de derechas de los personajes de las novelas negras clásicas, en las que el protagonista debía manejarse en un sistema que no funcionaba porque estaba atravesado por el poder de los ricos. La corrupción dominante no era más que otra expresión de una vieja realidad, que los poderosos ganaban y el hombre común, con su honestidad irrelevante, siempre acababa perdiendo. El personaje de Eastwood compartía esa naturaleza, ya que jugaba contra las normas de un entorno perverso; sólo que, en aquel momento, eran la política, los jueces y los intereses de los burócratas los que corrompían el sistema. Las películas de *Harry el Sucio* no se desarrollaban en el mundo idealizado del *New Deal*, sino en su final. El mundo era mucho más crudo, gracias sobre todo a los verdaderos malvados, aquellos que permitían o instigaban el crimen, ese grupo de políticos, burócratas y expertos progresistas que protegían sus intereses y dañaban al conjunto social.

El marco que ofreció *Harry el Sucio* fue significativo por lo que contenía de la oferta conservadora de la época: del mismo modo que debían liberar al emprendedor y al capital de las restricciones que impedían la prosperidad, tenían que combatir a unas instituciones que se habían imbuido de un espíritu interesadamente radical y que deterioraban el orden común. El liberalismo en las costumbres —su permisividad y su tacticismo— era el causante, en última instancia, de la oleada de violencia y crímenes que sacudía el país. La mejor medida que se podía tomar era cambiar por completo las normas, despedir a los liberales y aplicar una política de mano dura que enseñase a los criminales que sus actos tenían consecuencias.

Puede que el neoliberalismo de Reagan naciera impulsado por sectores de la política exterior y del ámbito económico que vieron la ocasión de acabar de una vez con las creencias impulsadas por Roosevelt, pero su penetración entre las masas de votantes fue causada por la doble promesa de poner orden y recuperar la energía perdida en un país que veía su fuerza decaer. Eso era «Hacer América grande de nuevo», un lema que fue utilizado por Reagan. Y para lograr ese objetivo había que encarar el problema de fondo, justo el que Kissinger había diagnosticado con gran preocupación en el tiempo de Vietnam: el país no estaba alineado. Lo que Reagan señaló fue que la endeblez, la tibieza y la falta de entereza que las clases progresistas habían alentado estaban en el centro de la pérdida de vigor de Estados Unidos.

Ése fue el núcleo de la batalla cultural que los republicanos de Reagan desarrollaron, que significó un paso adelante sustancial respecto de los presupuestos teóricos del liberalismo de la guerra fría. Los frentes que se abrieron fueron tres: el combate contra la regulación y el intervencionismo del Estado, la lucha contra las ideologías que promovían un individualismo hedonista que estaba destruyendo el espíritu estadounidense y la responsabilización de los demócratas como el elemento debilitador de la acción nacional y de la fortaleza económica. Este marco, sin embargo, incluía un añadido respecto de la vieja visión protestante, la debilidad moral de una parte de las élites. Este aspecto resultó fundamental en los años siguientes, ya que, a partir de entonces, el enemigo interior cobró un peso sustancial en la política estadounidense.

Los años que precedieron a la llegada de Reagan al poder muestran muchos puntos de semejanza con los nuestros. Existe inestabilidad internacional ligada a la energía, el déficit comercial de Washington es elevado y el orden precedente, muy favorable a Estados Unidos, está puesto en cuestión. En el plano interno, existe una acentuada sensación de decadencia que hace añorar tiempos mejores, pero que también exige una reacción contundente. El pánico moral sigue vivo, sólo que ahora dirigido hacia la inmigración. Las alarmas sobre la pérdida de espíritu y de sentido de la comunidad no ponen el foco en el hedonismo individualista, sino en el entorno *woke*. Las élites liberales de los sesenta han sido sustituidas por las élites liberales de las costas pero, en esencia, los discursos conservadores son muy semejantes. Hay muy poco azar en este parecido.

El triunfo de Reagan fue aplastante en sus dos legislaturas. La caída del Muro de Berlín durante el mandato de George Bush padre supuso la ratificación final de que las ideas de la izquierda habían perdido pie por completo en un mundo nuevo. La globalización tomó el centro de la escena. Los cambios que trajo Reagan se aceleraron.

5

Una historia moral del conservadurismo (II)

El sueño centrista

Formalmente, ha existido un orden internacional que surgió tras la Segunda Guerra Mundial y que ha durado hasta la época actual. Por más que las instituciones hayan tenido continuidad, ese largo periodo se ha partido, en la práctica, en dos fases bien diferenciadas: hubo un sistema en vigor hasta la llegada al poder de Reagan y Thatcher y otro desde entonces hasta ahora. La década de los setenta es el momento de ese viraje, que se sanciona en las elecciones estadounidenses de 1980 y se consagra con la caída del Muro de Berlín. El giro estadounidense de aquel tiempo, como el actual, proviene de las necesidades del país dominante, que dictó la forma de relacionarse con aliados y rivales y los fundamentos a partir de los cuales esos vínculos se iban a desarrollar.

En ese sentido, la época de Bill Clinton en la Casa Blanca fue reveladora. Tras los doce años de gobierno republicano, en los que cayó el Muro de Berlín, regresó la guerra (la primera invasión de Irak) y el mundo se reorientó hacia el capitalismo financiero, Clinton significó la oportunidad progresista para poner fin a las tendencias neoliberales o, al menos, para complementarlas con posiciones que generasen mayores equilibrios sociales. El presidente demócrata no hizo nada de eso; por el contrario, profundizó en los mecanismos de integración internacional de la economía, promovió la financiarización y asentó firmemente la globalización. Clinton fue el Eisenhower demócrata, quizá porque accedió al poder entendiendo que sólo podría gobernar si asumía los intereses de Wall Street.

Fueron años que muchos liberales observan ahora con nostalgia. La era de la globalización feliz trajo consigo una nueva institucionalidad, otra forma de gobernanza, reglas diferentes. Los choques ideológicos emanados de las peleas entre bloques habían desaparecido. El mundo se había hecho liberal, desde Clinton hasta Bush Jr., desde Major hasta Blair. La Unión Europea se desarrolló como instrumento tecnocrático de gestión de aquello que estaba en el centro, la economía, y a través de la cual se regulaba la vida en común. La apertura a la iniciativa individual prometía crecimiento, prosperidad y riqueza. Los países en desarrollo tenían la oportunidad de sumarse al bienestar generalizado gracias a la división internacional del trabajo, que permitía a países y personas especializarse en lo que mejor sabían hacer, según aseguraba el FMI. El acceso a los mercados de capitales y la tecnología iban de la mano del desarrollo de la innovación y del progreso. Las previsiones sobre el futuro eran muy optimistas: la incorporación de los países al comercio global significaría una era de respeto a los derechos humanos y de crecimiento sin igual.

Las relaciones internacionales vivían también un nuevo tiempo. La hegemonía de Estados Unidos era indiscutida y sus intereses económicos y de seguridad iban a la par del emergente sistema globalizado. Lo que era bueno para Estados Unidos era bueno para el mundo y viceversa. Las grandes amenazas bélicas, la fuente principal de preocupación de las décadas anteriores, habían desaparecido. La URSS había caído, el capitalismo había triunfado como sistema mundial y no existía ninguna potencia que pudiera hacer frente, ni siquiera de lejos, a las capacidades militares estadounidenses. El fin de la historia pronosticado por Fukuyama anunciaba el ocaso de los autoritarismos, la desaparición de las ideologías comunistas y fascistas, el triunfo definitivo de la democracia liberal y la resolución de las disputas a través del mercado. La actividad económica sustituiría a la guerrera: estábamos ante una victoria de la humanidad.

Hubo puntos de resistencia que generaban fricciones. Los antiguos países del Europa del Este debían integrarse en el nuevo orden, tuvo lugar la guerra de Yugoslavia y el choque de civilizaciones anunciado por Samuel Huntington señalaba diferencias profundas a la hora de establecer los derechos humanos y las democracias liberales como sistema definitivo en zonas, caso de Oriente Medio, donde la religión seguía jugando un papel fundamental. Pero esas dificultades eran cuestión de tiempo: el desarrollo comercial iría reuniendo intereses y mentalidades con el paso de los años, y los regímenes autoritarios chocarían con las demandas de mayor libertad y prosperidad de sus poblaciones. Latinoamérica era un ejemplo de cómo las dictaduras militares de los setenta y ochenta habían dejado de tener sentido. Llevaría años recorrer ese camino, pero ya se había iniciado y no se frenaría. El sueño del liberalismo de la guerra fría, una sociedad democrática y centrada, se estaba cumpliendo.

La propaganda sobre la nueva época alcanzaba muchos más ámbitos: se estaba construyendo la era de la normalidad, de la razonabilidad y de la moderación, lo que suponía una oportunidad inmensa para dejar atrás para siempre las veleidades de órdenes sociales imaginarios. Era el momento de prestar mucha más atención a la realización de los proyectos privados que a los colectivos. El orden que se estaba inaugurando prometía posibilidades insospechadas al talento, que tenía mucho más fácil desplazarse, encontrar su lugar en el mundo y autorrealizarse. La globalización permitía desbrozar la maleza, de forma que apareciesen los caminos que permitirían a cada cual cumplir sus sueños, fuera cual fuese su origen. Si en la época reaganiana esta opción quedaba limitada a los más ricos, o a los varones blancos estadounidenses, en la era global tales oportunidades quedarían al alcance de cualquiera: el talento se abriría paso.

Conocemos ahora las consecuencias de esa forma de pensar, su realidad última, y cómo dio lugar a mayores desigualdades, cómo catapultó el crecimiento chino, cómo generó el declive de las clases medias y de las trabajadoras occidentales y cómo causó la pérdida de capacidades estratégicas, especialmente dolorosa para los países europeos.

Un mundo controlado

Una de las convicciones más firmes de la época fue que el progreso llegaría por la vía de la ciencia y de la técnica. Los avances que se habían producido en ese terreno, y los que se esperaban (mucho mayores), señalaban un horizonte de transformaciones positivas. En un entorno complejo en el que las poblaciones se habían quedado ancladas en verdades intuitivas respecto de problemas que se les escapaban, resultaba razonable que las decisiones fueran tomadas por aquellos que realmente podían aportar una visión clara y libre de emociones. Los tecnócratas, que se apoyaban en la ciencia, serían los encargados de dirigir las sociedades hacia un mundo mejor.

Ese programa, no obstante, no estaba libre de riesgos. Si el peligro de otros tiempos radicaba en las ideologías que prometían la utopía del paraíso en la tierra, en la época gestora el riesgo no estaba en el futuro, sino en el pasado. La resistencia a abandonar las viejas estructuras y las antiguas certezas fue el enemigo principal contra el que se luchó, y así fue tanto en lo ideológico como en lo moral. Se había llegado al final del camino político, pero había quienes se negaban a dar los últimos pasos. La globalización precisaba de una adaptación de las organizaciones precedentes a las nuevas necesidades, lo que implicaba transformaciones que no siempre eran bien entendidas. En muchos Estados occidentales todavía dominaba la mentalidad de la protección nacional o se abogaba por mantener un estado del bienestar demasiado extenso. En el terreno laboral, la mano de obra debía encajar en las nuevas demandas: las fábricas se estaban relocalizando en Asia, lo que implicaba que el trabajo manual ya no sería el futuro, sino los servicios, en especial los de alto valor añadido, y muchos empleados carecían de formación para esas tareas o estaban poco acostumbrados a la tecnología. La seguridad laboral era poco conveniente para la nueva economía, por lo que los trabajadores debían renunciar a la comodidad de la protección y reinventarse mediante una formación continuada. Y todavía quedaban focos nostálgicos que echaban de menos sistemas políticos pasados. Las tentaciones que se combatían en la era tecnocrática no eran las del placer (que era promovido desde la moderación), sino las del refugio en la comodidad de lo aprendido, el pesimismo, la nostalgia o la negativa al cambio, que se convirtieron en los nuevos pecados de las poblaciones occidentales.

No era sencillo, porque la esfera técnica y científica debía enfrentarse con mucha frecuencia a la irracionalidad, conformada por pulsiones anímicas que impedían analizar las situaciones con objetividad. El ser humano era razón, pero también sentimientos, temores y ego, y eso resultaba difícil de domesticar. Por eso los directivos afirmaban con insistencia que las capacidades cognitivas eran relevantes en la empresa, pero las emocionales tenían una importancia mayor. El autocontrol, la habilidad para funcionar bajo presión, la resiliencia y la capacidad para no dejarse llevar por los ritmos y hábitos del pasado resultaban esenciales en los empleados. Los expertos podían aportar un remedio o una conclusión fiable y basada en la ciencia, pero tenían que enfrentarse después al material humano que debía llevarla a la práctica, y entre el plan y la ejecución se abría, en demasiadas ocasiones, un mundo. Para que todo saliera bien, se necesitaba un plus de control.

Y era así, en mayor medida, porque se habían abierto las puertas a la economía fisurada, la que confiaba en la eficacia de una dirección a distancia. El puente de mando que se estableció en las grandes ciudades globales necesitaba, precisamente por la lejanía, indicadores objetivos que certificasen que los procesos seguían el curso previsto. Su aspiración era conseguir que el futuro fuera un presente mejorado, y por eso la transparencia fue uno de sus valores fundamentales. El control sobre los procesos era imprescindible, de forma que los empresarios pudieran dar fe de que los planes previstos se estaban cumpliendo, que los mercados tuvieran certeza de que las cuentas de Estados y compañías iban por el camino correcto o que las políticas públicas servían para la función para las que se las había creado. Esta necesidad creó *la sociedad de la auditoría*,[90] un modo de gestionar los riesgos mediante el control exhaustivo y continuo de las señales incipientes.

La transparencia se implantó en todos los niveles. La burocracia aumentó, ya que los empleados y los gestores de una empresa no solamente debían realizar su tarea, sino que habían de justificarla y documentarla, de manera que quedase constancia de que se había seguido el protocolo. Se comenzó a medir exhaustivamente el rendimiento laboral a partir de sistemas informáticos y la eficacia de las políticas públicas a través de indicadores creados al efecto. Las agencias de calificación realizaron una tarea de vigilancia exhaustiva de empresas y Estados. Las instituciones internacionales, como el Fondo Monetario Internacional, establecieron unas prescripciones, relativas a la exigencia de estabilidad macroeconómica, las políticas de apertura al exterior o las reformas estructurales, cuyo cumplimiento era supervisado por sus funcionarios. La vida se volvió mucho más regulada, lo que no dejaba de ser una paradoja: en un momento en que los actores más relevantes encontraban muchos menos límites, más estrecha se volvía la vida para el ciudadano común. El neoliberalismo de la globalización compartió la característica advertida por Polanyi en el nacimiento de la revolución industrial: libertad por arriba, regulación intensiva por abajo.

Pero esto no era más que la otra cara del liberalismo de la guerra fría, la que pensaba que era mejor arreglar los problemas al inicio, la que creía que el mercado y la política, como la naturaleza humana, nunca se podrían dominar del todo. Las amenazas siempre estarán presentes, y es difícil prever dónde y cómo aparecerán. Sin embargo, eso no implica que los instrumentos creados por los expertos sean poco útiles o que carezcan de eficacia. Por el contrario: al estar alerta y conocer las señales, al medir y vigilar, se puede acabar con los riesgos en un momento temprano.

90. Power, Michael, *Audit Society: Rituals of Verification*, Oxford University Press, 1999.

En definitiva, el control, la transparencia y el riesgo ligado a la naturaleza humana, que eran elementos típicamente protestantes y que habían dado forma a la mentalidad americana, reaparecían con fuerza en una era que apostaba por la secularización, la ciencia y el progreso. La sociedad centrada y dirigida por expertos, libre de pasiones políticas, sólo podía funcionar si establecía diques muy firmes contra las contingencias, del mismo modo que en los años cincuenta quedó fijado que la democracia era el mejor de los sistemas siempre que se protegiese sólidamente contra el peligro de la ideología. La era global fue la extensión de ese programa a ámbitos mucho mayores que el de la política, e impregnó muchas áreas de la vida. Las invenciones tecnológicas hicieron más sencillo todavía ese control. Este conjunto de tensiones entre la razón y sus perturbaciones, entre los riesgos y su gestión, constituyeron la otra cara del sistema.[91]

Sin embargo, la paz de la globalización, establecida a través

91. En esa época, también se produjo un cambio en las clases sociales que fue muy relevante en términos político-electorales, especialmente años después. La reorganización de las estructuras globales se apoyó en una nueva clase que tendía a autonomizarse de los poderes políticos locales, y que forjó una red entre ellas que les permitía compartir (desigualmente) los beneficios. Se construyó así una capa social formada por titulados en universidades de prestigio y cuya trayectoria profesional se desarrollaba entre los gobiernos nacionales, las instituciones internacionales y los ámbitos de la gestión empresarial, y cuyo objetivo era fundamentalmente diseñar los cambios, trazar planes y vigilar por su cumplimiento. Fue esa clase la que, a través de su presencia en los gobiernos, las empresas, las instituciones internacionales, los grandes despachos de abogados, las consultoras prestigiosas, y los fondos de inversión reconfiguraron la economía y el orden político internacional. La creación de una arquitectura financiera y comercial interrelacionada, con el dólar como base, impulsó a esta serie de gestores hacia un nuevo y brillante papel en el mundo global. Las clases altas locales que habían estado vinculadas al Estado (grandes cuerpos administrativos, gestores de empresas públicas, constructores dependientes de la afinidad con el poder político, banqueros) iniciaron su declive: sólo cuando podían contar con recorrido internacional, cuando su dimensión excedía la del Estado y su ámbito de influencia se ampliaba, lograron evitar su desaparición. O crecían y se insertaban en la red global, o eran adquiridos, a veces a precio de saldo. Por otra parte, las clases altas de provincias perdieron peso en los equilibrios políticos nacionales, ya que sus fuentes de riqueza dependían cada vez

de las interrelaciones del comercio y de las finanzas, del Consenso de Washington, del consumo creciente, del poder del dólar y la hegemonía financiera y militar estadounidense, era el proyecto de buena parte de las élites estadounidenses. Había otra visión en ellas, que George W. Bush trajo a escena.

La libertad y sus enemigos

La llegada al poder de George W. Bush fue controvertida, con unas elecciones muy tensas que fueron resueltas por los votos del tribunal Supremo (5-4). La economía vivía un parón, el desempleo aumentaba, los fondos de pensiones habían perdido parte de su valor y había estallado el escándalo de Enron, que colocó el foco en la burbuja de las puntocom. El nuevo presidente, pocos meses después de su mandato, era altamente impopular. El siglo XXI no se iniciaba de un modo positivo para Estados Unidos. Los atentados del 11 de septiembre cambiaron esa dinámica.

La enorme conmoción que causó el 11-S fue el detonante para un desarrollo distinto de la era global. Internamente, la división que había provocado la elección de Bush desapareció gracias a la cohesión que proporcionó un nuevo enemigo; externamente, impulsó el expansionismo financiero y abrió las puertas a la utilización de la fuerza bélica. El neoconservadurismo permitió el control sobre el petróleo, con las guerras de Afganistán e Irak, pero también intensificó la globalización con el beneplácito estadounidense a la entrada de China en la Organización Mundial del Comercio, un hecho clave. La tríada de nacionalismo, tradición y libre mercado que había sido la esencia conservadora regresó en un extraño escenario en el que las dos primeras características estaban siendo dinamitadas por la arquitectura global.

El neoconservadurismo se convirtió en la ideología dominante en Occidente, pero no lo consiguió sin fricciones. No sólo por las distintas visiones sobre la hoja de ruta que Estados Unidos

---

más de esa red financiera global y menos de la actividad productiva ligada al territorio.

debía seguir, que se plasmaba claramente en las posiciones demócrata y republicana, sino por las divergencias con los aliados europeos. Hasta 2001, el control de daños en el plano internacional operaba a través de las sanciones y, ocasionalmente, mediante intervenciones bélicas localizadas, como fueron la primera guerra de Irak o la de los Balcanes, siempre con la aceptación de las fuerzas aliadas. La aparición del terrorismo global debilitó ese acuerdo. La guerra de Afganistán se encuadró en el marco consensuado, ya que la alegada necesidad de destruir los focos yihadistas convencía a la coalición occidental, pero con Irak la situación fue muy diferente. El problema de Oriente Medio era percibido de manera muy distinta en Alemania y Francia que en el Washington neocon de Bush y Cheney. Sadam Hussein debía caer, Irán debía ser sometido a nuevas advertencias que limitasen su fuerza e impidieran el desarrollo de su programa nuclear y Oriente Medio debía ser pacificado bajo el peso de las armas.

En el primer aniversario del 11-S, el presidente Bush expresó cuál iba a ser la dirección estadounidense en un artículo que publicó en *The New York Times*,[92] en el que anunciaba la utilización de una «posición de fuerza e influencia incomparables para construir una atmósfera de orden y apertura internacional en la que el progreso y la libertad puedan florecer en muchas naciones... Buscamos una paz justa donde la represión, el resentimiento y la pobreza sean reemplazados por la esperanza de democracia, desarrollo, libre mercado y libre comercio». Bush concluía que «la humanidad tiene a su alcance la oportunidad de establecer el triunfo de la libertad sobre todos sus antiguos enemigos».

El terrorismo integrista era el nuevo adversario de la seguridad, pero también de la libertad. Era utilizado por ideologías opuestas a Occidente, contrarias a la Ilustración, que negaban cualquier progreso y que deseaban regresar a tiempos atávicos. La naturaleza de su amenaza contribuía a crear caos, porque no parecía haber lugares seguros: los terroristas podían atacar en

92. <https://www.nytimes.com/2002/09/11/opinion/securing-freedom-s-triumph.html>.

cualquier momento y lugar. Frente a ese peligro, los gobernantes podían continuar con su actitud vigilante, recogiendo información, interviniendo teléfonos y apoyándose en informantes, o actuar cuanto antes y de una forma contundente para evitar consecuencias dañinas en el futuro.

Las invasiones de Afganistán e Irak se justificaron desde ese marco. La primera resultaba imprescindible para segar de un golpe el núcleo del radicalismo integrista. La segunda se explicaba por la posesión del régimen de Saddam Hussein de armas de destrucción masiva. No había pruebas concluyentes de que esa afirmación fuera cierta, y tiempo después se constató que se trataba de una mentira, pero la debilidad de las acusaciones tuvo poco peso. La administración Bush aseguró que bastaba la posibilidad de que Saddam estuviera fabricando armas letales, o que tuviera la intención de hacerlo en el futuro, para que la intervención fuera beneficiosa. Occidente no podía quedarse parado y confiar en que nada ocurriría: había que actuar cuanto antes para evitar catástrofes futuras. Regresó el marco de la acción preventiva.

Quien mejor entendió el momento, en el plano económico y en el ideológico, fue el inversor tecnológico Peter Thiel, así como algunos de quienes le acompañaron en la creación de Paypal, entre los que se contaba Elon Musk. Thiel apoyó a Trump y fue el impulsor de la carrera política del vicepresidente J. D. Vance. Pero mucho más relevante que su teórica influencia sobre el Partido Republicano, es el hecho de que, entre los grandes del mundo de la tecnología, Thiel es el que ha expresado un pensamiento más articulado y una comprensión más definida de los riesgos a los que Estados Unidos se enfrenta. Es un personaje interesante, más que como impulsor, como descriptor: su mentalidad refleja bien la parte ahora dominante del *establishment* estadounidense.

Thiel, además de invertir en diferentes compañías (como Facebook en sus momentos iniciales) fue el fundador de Palantir, una firma respaldada en su creación por dos millones de dólares de In-Q-Tel, la división de capital de riesgo de la CIA. La empresa aportó una solución a un problema importante: existía un exceso de información, porque los datos que se recogían eran numerosos, pero también desordenados, contradictorios o irrelevantes. Palantir la sistematizó y la hizo legible. Utilizó numerosas bases de datos, las cruzaba y encontraba los puntos de conexión a partir de los cuales aparecían patrones confiables. Como afirmaba Alex Karp, cofundador de la empresa, encontraban al malo, «incluso si el malo trabajaba para el sistema».[93] La compañía de Thiel y Karp inició su trayectoria en el sector de inteligencia y defensa (ahora trabaja también con la Fuerza Espacial) y desde entonces se ha expandido a otras áreas gubernamentales. Ayuda a identificar inmigrantes sin papeles, a encontrar defraudadores fiscales y a prevenir interrupciones en la cadena de suministro de medicamentos. Ha participado activamente en la guerra de Ucrania. Mark Milley, general retirado y ex presidente del Estado Mayor Conjunto, aseguró que Palantir fue «el cambio fundamental más significativo en el carácter de la guerra jamás registrado en la historia».[94]

Thiel era consciente, ya en 2007, de las dificultades que debía afrontar Estados Unidos en un mundo crecientemente hostil, y el 11-S sólo había sido una parte del problema. Thiel no era un inventor de nuevos marcos geopolíticos, sino el continuador de una tradición vigente, a la que aplicaba sus soluciones tecnológicas. Y era capaz de reconocer abiertamente las dificultades y contradicciones a partir de las cuales debía operar.

Una de ellas es el carácter poco apreciado de su tarea: «La sociedad más justa no puede sobrevivir sin inteligencia, es decir, sin espionaje, pero el espionaje es imposible sin una suspensión de ciertas reglas del derecho natural». Una acción efectiva implicaba sobrepasar límites, aunque la hipocresía progresista quisiera taparse los ojos: «En lugar de las Naciones Unidas, llena de debates parlamentarios interminables e inconclusos que se parecen a los cuentos de Shakespeare contados por idiotas, deberíamos considerar a Echelon, la coordinación secreta de los servicios de inteligencia del mundo, como el camino decisivo hacia una *pax* americana verdaderamente global».[95]

93. <https://www.nytimes.com/2024/08/17/style/alex-karp-palantir.html>.
94. Ibídem.
95. Thiel, Peter, «The Straussian moment». <https://gwern.net/doc/politics/2007-thiel.pdf>.

Lo que Thiel explicaba era una realidad que los neocon y los straussianos habían asumido (y que tiene en Trump una evidente continuación). La limitación de los derechos era un escudo que permitía la subsistencia y la continuidad de un orden. Las críticas progresistas a la utilización de servicios de inteligencia o al uso del poder no eran más que un moralismo absurdo que debilitaba el orden del que disfrutaban. Las libertades, como la hegemonía americana, estaban tejidas en la fuerza, y la utilización de ésta era imprescindible.

En un momento histórico en el que el terrorismo yihadista se había extendido por el globo y en que regímenes políticos de Oriente Medio lo apoyaban, era imprescindible ser contundentes con ellos. Lo que estaba en juego no era un tipo de sistema económico u otro, sino la misma civilización, con la libertad en su cúspide. La utilización de medios excepcionales para defender a Occidente no era otra cosa que el dique último contra el mal. Thiel veía de un modo diáfano el carácter katejónico de su tarea: la violencia era un recurso imprescindible contra los enemigos radicales.

Palantir fue parte de ese gobierno de la espada. En Silicon Valley no se estaban generando sólo nuevas formas de comunicación o empresas innovadoras, sino que se estaba tejiendo la estructura de seguridad de Estados Unidos desde la mentalidad que demandaba el *establishment*. Frente al mundo de los comerciantes que había creado la globalización, la esfera tecnológica y militar recordaban la importancia del mundo de los guerreros. El Jerusalén estadounidense reclamaba su supremacía sobre su Tel Aviv. La existencia de una visión liberal común en la economía no ocultaba las diferencias sobre la manera en que Estados Unidos debía estar presente en el mundo, sobre cómo debía hacer frente a las amenazas y sobre cómo lidiar con las diferencias internas.

Thiel, Karp, Musk y demás representaban una generación disruptiva de guerreros, porque no sólo tenían la convicción de que la economía, la tecnología y el ejército darían forma a la supremacía estadounidense, sino que eran conscientes de la transformación que su país y Occidente necesitaban para mantener esa posición. Aquello ocurría en la primera década del siglo XXI. Para la tercera, formaban parte del gobierno de Estados Unidos.

Liderar lo extraordinario

Tras la era Bush, Obama llegó al poder en medio de una crisis. Su prioridad fue estabilizar la economía norteamericana a través de un paquete de estímulos y un conjunto de leyes que permitieran al país escapar de la recesión. Fue también el momento de pisar el freno respecto de las aventuras militares: las tropas estadounidenses se retiraron de Irak, se firmó un acuerdo nuclear con Irán y la intervención en la guerra de Siria fue limitada; aunque se apoyó a las fuerzas contrarias a Assad, Obama optó por una política comedida en lo bélico.

La salida de la crisis de 2008 se produjo en términos favorables a China. Los programas de estímulo, su cada vez mayor presencia productiva y el impulso que brindó a la economía global reforzaron el poder de Pekín. Europa sufrió daños significativos, ya que su peso en el entorno global se vio afectado por las tensiones en el euro y el crecimiento de sus rivales económicos, y la relevancia internacional del continente decayó. El Brexit y las tensiones anti-UE en muchos países contribuyeron a reforzar su pérdida de vigor.

La reacción estadounidense a la recesión fue esperable, ya que decidió reforzar su principal fortaleza, la financiera. En la medida en que, a causa de la crisis, las empresas cotizadas tradicionales y el sector inmobiliario se habían frenado como fuentes de beneficios, y la deuda de los países generaba dudas, había que encontrar nuevos ámbitos hacia los que canalizar el capital. Estados Unidos era considerado, más que nunca, un refugio seguro, por lo que el dinero continuó afluyendo a su esfera financiera. Esa tendencia impulsó un proceso de concentración empresarial y se multiplicaron las fusiones y adquisiciones. El peso de los *hedge funds* y del capital riesgo aumentó y aparecieron nuevas formas de administrar el capital. La más significativa fueron los fondos de gestión pasiva, con empresas como BlackRock, Vanguard o State Street. Más allá de su articulación técnica y de la invención de instrumentos notables, como la plataforma Aladdin[96] creada por BlackRock, la importancia de estas firmas radica en su muy amplia presencia en las empresas cotizadas de todo el mundo, lo que les concede un poder significativo y un espacio privilegiado de información.

Sin embargo, el área que gozó de mayor desarrollo fue la tecnológica. El crecimiento de las *big tech* atrajo a inversores de todo el mundo, que confiaron en su gran potencial. Silicon Valley ofrecía una doble ventaja para Estados Unidos, ya que firmas con su bandera abrieron nuevas vías económicas y comerciales, pero también contribuyeron a asentar la supremacía estadounidense a través de sus conexiones con la seguridad y al ejército. China estaba creciendo en la producción y el comercio, pero el capital, la moneda y la tecnología estaban en manos estadounidenses.

En los inicios de la primera década del siglo XXI, empresas como Apple, Google, Facebook o Amazon estaban asentando ya su dominio, la tecnología de vigilancia estaba muy avanzada y aparecía en el horizonte una oportunidad todavía mayor, la inteligencia artificial. Las empresas tecnológicas no eran una fuente de inversión, sino de disrupción. Su mundo era el de las grandes posibilidades y de grandes promesas, por lo que eran una fuerza de transformación, no defensiva. La consolidación de las *big tech* trajo consigo una concentración significativa del poder en muchas áreas: las ventas de productos de muy diferentes clases a través de Amazon, la conversión de Google en el principal captador de la inversión publicitaria y de difusión de información, Facebook como actor político. Pero también aparecieron firmas como Airbnb o Uber, que alteraron de manera radical los sectores del transporte de pasajeros urbanos o el de alojamiento.

Silicon Valley se movía en otros parámetros. Mientras que Wall Street se obsesionaba con un futuro que asegurase las ex-

96. «Los gigantes financieros en la era del nuevo capitalismo.» <https://www.elconfidencial.com/area-privada-ec-exclusivo/2021-01-04/gigantes-financieros-nuevo-capitalismo-vanguard-blackrock_2890004/>.

pectativas del presente, los nuevos inversores y las firmas por la que apostaban iban mucho más allá. Su manera de medir el valor no tenía que ver con los rendimientos de una compañía en un ejercicio, sino con su capacidad para generar beneficios de forma masiva en el futuro. Trabajaban a largo plazo, porque aspiraban a construir, en un intervalo razonable, compañías que fuesen capaces de generar rentas monopolísticas. Si el ciudadano prudente coloca su dinero en activos elegidos con el propósito de que le ofrezcan un interés modesto pero suficiente, el *venture capital* tecnológico opera de otro modo. Como la actual industria cultural (que publica muchos libros con la esperanza de que la popularidad de uno o varios de ellos compense las inversiones realizadas en los demás y aporte grandes beneficios), se centra en conseguir un éxito masivo, no en sumar pequeñas medianías.

En segundo lugar, el sector tecnológico exige un tipo de capitalismo mucho más abierto que el actual. Parte de la tardanza de las empresas de Silicon Valley en alcanzar los rendimientos esperados estaba relacionada con un contexto que se resistía a ellas. Necesitaban desorganizar el marco legal preexistente, de forma que los consumidores se acostumbrasen a una nueva forma de comprar o de informarse, a que los empleados pasaran a ser autónomos que aportaban los medios de producción, a que las normativas vigentes fueran puestas entre paréntesis o a que los impuestos se pagasen en los lugares menos gravosos, entre otras ventajas. Tenían que construir las condiciones para que, mediante un proceso nuevo, se reorganizasen en su beneficio viejos sectores, como el transporte de viajeros, el alquiler vacacional de viviendas, la venta a distancia o la difusión de información. El propósito era crear monopolios que permitieran extraer rentabilidad de cualquier estrato de la cadena: en todos los casos, incluyendo a Google y Facebook, ha existido una posición de dominio que les ha permitido obtener ventajas frente a los clientes, a los proveedores, a los asalariados o a las mismas administraciones.

Por último, ese nuevo ámbito precisaba de líderes idóneos, de personas que poseyeran una visión, una determinación y una confianza en sí mismos que les distanciaran del común de la gente. Lo que prometía el conocimiento experto era básicamente seguridad: si había especialistas al mando, con la información adecuada y bien asesorados, sería sencillo orientar correctamente a las compañías. El dominio experto era útil cuando se trataba de hacer lo de siempre, pero el ámbito tecnológico necesitaba personas que supieran moverse en lo extraordinario y que confiaran tanto en su idea que fueran capaces de adentrarse en lugares desconocidos. Hacían falta líderes con la energía y la visión precisas para conducir a la tripulación por caminos inexplorados. Sus virtudes no residían en el análisis y la habilidad intelectual, sino en la visión, la intuición y el empuje. No eran capitanes, sino aventureros; y, a menudo, filibusteros.

Este conjunto de características es importante porque produjo una nueva mentalidad que no sólo dio lugar a figuras como Steve Jobs, Elon Musk o Peter Thiel, sino que generó un contexto del que surgió Trump. Clinton, Obama, Biden o las figuras del Partido Republicano pertenecían a la vieja escuela del control, de la rentabilidad estable, de la continuidad. Eran las élites tecnocráticas. Las que llegaron con Trump pertenecían a otra clase. Hacían otras apuestas: más grandes, más comprometidas, más arrojadas.

Hacia un nuevo esplendor

Las elecciones de 2016 señalaron claramente que las divergencias entre las élites habían llegado a un punto de muy complicada reconstrucción. El primer mandato de Trump cambió muchas cosas, porque desplegó aspectos típicos de la economía liberal, como los recortes de impuestos, pero también profundizó en el giro de la política exterior que ya se había insinuado con Obama, al que añadió nuevos elementos. No obstante, el *establishment* estadounidense creía que se trataba de un personaje excéntrico que había llegado al poder por el descontento de las clases poco formadas del país y que su legislatura sería un paréntesis tras el que se regresaría a la normalidad. El triunfo de Biden en 2020 ratificó esa sensación de amenaza superada, y el presidente demócrata intentó devolver a su país al orden de la globalización tecnocrática, aunque introdujo significativas variaciones que iban en la misma dirección de Trump (la posición con China, el plan de desarrollo de la industria estadounidense, la presión a las empresas europeas para que se trasladasen a suelo norteamericano, entre otras). Pero más allá de sus acciones concretas, Biden ratificó la creencia de los demócratas en que ellos representaban los intereses reales del pueblo estadounidense y que los intentos populistas y reaccionarios de Trump no volverían a tener una presencia mayoritaria en su política. El comercio y las interconexiones eran la esencia de la hegemonía americana, y la circulación de capitales, personas y mercancías, la integración económica y la multiculturalidad eran valores exitosos que debían mantenerse. Esa posición de superioridad tuvo su señal más expresa en ese rastreo constante del pecado que fue lo *woke* y su aliento protestante.[97]

Pero todo esto encajaba mal con las necesidades de los ciudadanos estadounidenses,[98] de modo que la previsible reacción contra lo *woke* no fue más que el preludio de una hostilidad mayor contra el *establishment* demócrata. El deterioro de las ciudades pequeñas y medianas, las ansiedades económicas, alentadas por una inflación creciente, y la percepción decadente de su país contribuyeron a unir sectores y regiones deterioradas con el nacionalismo vitalista que proponía Trump.

El camino emprendido por el presidente republicano durante su segundo mandato, que es la expresión concreta del marco que fijó durante la campaña, no surge del vacío. Responde a la necesidad de una reacción por parte de Estados Unidos a los desafíos de un instante histórico y lo hace con las armas de una poderosa tradición. Es una contestación al plan de las élites demócratas, pero también supone un paso adelante en la visión del

97. Yascha Mounk, un pensador progresista contra la fiebre *woke*: «EE. UU. es un lugar lleno de personas tolerantes y sensatas, pero sus élites se han vuelto locas». <https://www.elmundo.es/la-lectura/2024/10/03/66f2f61b21efa0c25d8b458e.html>.

98. Ver capítulos 1 y 2.

mundo que ha estado presente entre las derechas estadounidenses desde la guerra fría. Por supuesto, contiene un filo moral.

Quien mejor ha entendido el alma de la derecha actual, dentro de los republicanos, es Peter Thiel. Sus ideas parten de las grandes constantes del conservadurismo estadounidense, como el deseo y la tentación, el papel que debe jugar la autoridad, el riesgo catastrófico y la voluntad de enfrentarse sin tapujos con el mal.

Para Thiel, las personas pertenecen a dos categorías. Como seguidor de Francis Bacon, cree que el dominio de la ciencia es inseparable del control sobre las cosas. Por lo tanto, los científicos no sólo acceden a una comprensión del mundo, sino que descubren los mecanismos para dirigirlo. Hoy, ese papel lo representan los magos de la tecnología. Por otro lado, están aquellos seres humanos que carecen de talento y que desempeñan un papel secundario, que son la gran mayoría. Thiel los denomina «Personajes no Jugadores», una expresión que designa a los personajes pasivos en los videojuegos. Éstos terminan siendo manejados por los primeros, ya que saben excitar y canalizar sus pasiones.

El creador de Palantir tiene otro de sus maestros en René Girard, quien le proporcionó una de las claves del conocimiento humano: el deseo mimético. Según el filósofo francés, las personas quieren lo que otros tienen (o lo que otros anhelan); no hay un valor objetivo en las cosas, sino que todo se resuelve en esa mirada que lleva a desear lo que otros poseen. Ésa ha sido la esencia del pecado a lo largo de la historia, y quizá hoy más que nunca. Quienes conocen este secreto a voces también saben, según Thiel, cómo utilizar el deseo mimético para manejar los comportamientos sociales; sin ir más lejos, éste es el centro del funcionamiento de las redes sociales. Y hay algo de justicia en ello: si no se posee la fuerza de voluntad suficiente para evitar el pecado, es lógico que se reciba un castigo en forma de manipulación.

La tesis de Thiel tiene un correlato: puesto que el mal consiste en desear lo que otro tiene, siempre que se posea algo que merece la pena, habrá alguien que intente obtenerlo mediante la fuerza o el engaño.[99] Por eso el Estado y las estructuras sociales tienen, desde la perspectiva conservadora, la función primera de asegurar que esa tentación fracase, asegurando la propiedad privada, educando en valores que eviten las tentaciones y protegiendo a su país de los intentos foráneos de apropiarse de lo que les pertenece.

Para los republicanos, es justamente lo contrario de lo que está ocurriendo. En una multitud de planos, los estadounidenses están siendo expoliados: otros quieren lo que tienen y se lo están llevando. Los inmigrantes se quedan con sus trabajos, bien porque se deslocalizan las fábricas, bien porque ejercen la competencia desleal en su propio territorio; el Estado les extrae una parte relevante de los beneficios logrados con su trabajo duro para destinarla al bienestar de los políticos y de los grupos de interés que los sostienen; los europeos se aprovechan de su potencia militar, pero no quieren pagar por ella; los países con superávit comercial los dejan sin industria. Es sencillo identificar en este argumento parte de la oferta electoral que llevó a Trump al poder.

Estas tesis no funcionarían sin un resorte último, el que le da sentido y orientación política, como es la aquiescencia de parte de las élites occidentales con ese parasitismo. Thiel desprecia a los burócratas académicos que carecen del talento para diseñar el futuro, pero que se han acoplado «como pequeños engranajes en la máquina... y reprimen a nuestros aspirantes a Francis Bacon». Forman parte de esa moral esclava que pretende igualar a los seres humanos y que se esconde bajo la excusa de la justicia social. Las ideas progresistas, en realidad socialistas, no provocan más que una sociedad esclerotizada en la que prosperan aquellos que se aprovechan del sistema y del esfuerzo de los ciudadanos talentosos.

Fruto de este anquilosamiento vital provocado por los progresistas aparece una sociedad detenida, que es mediocre inclu-

99. Entre las narraciones culturales contemporáneas, un buen número de las cuales muestran este marco conservador, destaca la exitosa serie *Yellowstone*, que se expresa en este sentido.

so a la hora de expresar sus deseos. Para Thiel, la democracia liberal se ha convertido en sinónimo de falta de energía: «Los *baby boomers* y la generación X fueron las últimas generaciones que podían desear cosas sin tapujos. Querían automóviles rápidos, casas de lujo, riqueza. Los *millennials* y la generación Z de la década de 2020 deben contentarse con marihuana, Netflix y las redes sociales».[100] Las élites son igual de pobres en sus anhelos. La mayoría de ellas vive en una competición mimética, en la que su mayor deseo es simplemente quedar por encima de sus pares. Por eso los rankings se volvieron tan populares, y por eso los ejecutivos se contentan con ganar un poco más que sus competidores. No buscan objetivos trascendentes, sino quedar mejor situados que los de su misma categoría.

Esa sociedad es claramente inadecuada para lograr grandes avances, pero también para combatir el mal. Tomar las riendas implicaría un plus de energía y una dosis de violencia, pero esto asusta a corazones tan susceptibles como los de la gran mayoría de sus contemporáneos. Se han vuelto débiles, temerosos, incapaces de hacer frente a aquellos que les oprimen o a los que se llevan lo que es suyo. Las sociedades apagadas contemporáneas carecen del coraje vital imprescindible para mantenerse libres.

Ambos aspectos, la existencia de ese mal que pretende tomar lo que pertenece a los estadounidenses y la debilidad de sus élites a la hora de enfrentarse a él, conformaron el mensaje republicano en las últimas elecciones. La promesa de acabar con esa situación, expulsando a los inmigrantes ilegales, recuperando la industria y retomando una posición de fuerza en el orden internacional, fue decisiva a la hora de lograr los apoyos suficientes. Aunque fuera desde la perspectiva del chivo expiatorio en el que insistía Girard, la derecha apeló a una población sumida en un humor decadente y que podía identificarse tanto con la necesidad de poner fin a ese declive como con el nuevo empuje que el candidato republicano representaba. La vida no les iba bien, y era el mo-

100. Burton, Tara Isabella, «The temptation of Peter Thiel». <https://wisdomofcrowds.live/p/the-temptation-of-peter-thiel>.

mento de revertir esa situación. Trump aludía al marco del pecado mimético, pero al menos ofrecía una reacción y un camino de salida. Los demócratas simplemente ofrecían un mundo apagado y sin brío.

Sin embargo, Thiel va un paso más allá que Trump. La civilización occidental está en riesgo; todo aquello heredado de la Ilustración está amenazado por fuerzas oscuras, y no se trata de mera retórica. Como creador de Palantir, conoce bien esos riesgos. Estados Unidos, como Occidente, vive en una mediocridad apática que le incapacita para enfrentarse a los grandes peligros que acechan. En consecuencia, se hace necesaria una catarsis que permita deshacerse de esas actitudes carentes de valor y de resolución y que autorice a que las personas con visión, talento y firmeza puedan dirigir las sociedades. Los magos de la tecnología, como aristocracia contemporánea,[101] no quieren tanto participar en la vida del Estado, como llevar a cabo las transformaciones necesarias para que Occidente sobreviva y alcance una nueva época de esplendor.

Las propuestas aceleracionistas de Thiel son una mezcla de elementos libertarios y reaccionarios que no se oponen, sino que se fusionan.[102] Tienen en el punto de mira el derrocamiento del orden tecnócrata, de las élites progresistas, que entienden profundamente inadecuado para esta época. Es una estructura que debe caer para que la energía de Estados Unidos y de sus ciudadanos más brillantes pueda liberarse.

La política del sermón

El 14 de febrero de 2025, el vicepresidente estadounidense, J. D. Vance golpeó la línea de flotación europea con su discurso[103] en la Conferencia de Seguridad de Múnich. Aseguró que

101. Ibídem.
102. Ibídem.
103. <https://legrandcontinent.eu/es/2025/02/14/cambio-de-regimen-el-discurso-completo-de-j-d-vance-en-munich/>.

algunos de los derechos fundamentales, como la democracia y la libertad de expresión, estaban retrocediendo en la Unión Europea, ya que había anulado las elecciones presidenciales en Rumanía y abogaba por la censura en las redes sociales. Además, ignoraba la voz de su pueblo en cuestiones tan fundamentales como quién puede formar parte de la sociedad común, refiriéndose a la inmigración. Vance realizó esas afirmaciones en el marco de un encuentro sobre seguridad y defensa justo cuando Estados Unidos había anunciado que negociaría con Rusia el fin de la guerra de Ucrania sin que Europa se sentase a la mesa. Además, Washington había dejado claro, como repitió el vicepresidente, que la Unión Europea debía asumir la seguridad de Ucrania. Trump ratificó esas afirmaciones amonestadoras declarando que había sido la belicosa actitud europea la que había generado un problema con Rusia.

Más allá de las intenciones del discurso, ligado a una partida geopolítica de gran repercusión, fue relevante su tono: Vance estaba sermoneando a Europa. Transmitió la idea de que los europeos no estaban comportándose adecuadamente, que se habían alejado de los valores democráticos, que estaban sojuzgando a su pueblo y que tenían problemas que no querían afrontar. Vance no sólo señalaba que Europa era prescindible para Estados Unidos, sino que estaba explicando los motivos por los que iba a romper la relación: Europa tenía lo que se merecía.

En las capitales europeas, la reacción fue de estupor e indignación. Volvieron a utilizarse respecto de Trump las descalificaciones habituales: los argumentos que los demócratas estadounidenses emplearon en las elecciones volvieron a escena, ahora amplificados por los líderes tecnocráticos continentales. Incluso líderes europeos hablaron en voz alta de la necesidad de que el continente se independizase de Estados Unidos, y de formar una coalición de los dispuestos[104] en todo el mundo que defendiera el respeto de las reglas comerciales, la limitación de la competencia fiscal y el combate contra el cambio climático.

104. <https://www.piie.com/blogs/realtime-economics/2025/europes-challenge-and-opportunity-building-coalitions-willing>.

Lo más paralizante para los líderes europeos fue que las críticas que Trump y Vance formulaban a Europa no podían aislarse de la acción estadounidense: la Unión Europea actuó de forma permanentemente coordinada con la anterior administración. Les estaba ocurriendo lo mismo que a muchos aliados estadounidenses en el largo siglo: los empujaban en una dirección prometiendo respaldo, y cuando esa dirección ya no les convenía, los abandonaban. Ucrania era parte de eso: apoyaron al gobierno de Zelenski y le aseguraron que le proporcionarían todo lo necesario para resistir a Putin, hasta que le avisaron de que dejarían a Ucrania sola. Ahora le tocaba el turno a Europa. Lo peculiar es que, justo en ese momento en que se alejaba de sus aliados, el vicepresidente estadounidense envolvió esa decisión con una reprimenda.

En el sur de Europa se conoce bien esa actitud. La crisis de 2008 puso de manifiesto cómo, cuando se tomaron decisiones que iban a perjudicar a determinados Estados, se revistieron de enseñanzas morales; eran, en última instancia, un castigo razonable por no haber actuado del modo correcto. El despectivo acrónimo PIIGS, las continuas invocaciones a la afición a la fiesta y la siesta y demás tópicos, que quedaron bien reflejados en esas declaraciones del infausto Jeroen Dijsselbloem, según las cuales «los países del sur no pueden gastarse todo el dinero en alcohol y mujeres y después pedir ayuda»,[105] fueron parte de esa lógica consecuencia punitiva que se desprendía de comportamientos irresponsables. Al igual que la aristocracia económica estadounidense del siglo XIX y principios del XX visitaba los barrios deteriorados de sus ciudades para amonestar a sus habitantes por sus costumbres disolutas, los llamados países frugales adoptaron una posición moralizante. Lo llamativo de todo aquello fue que se hizo pagar a unos países por los pecados ajenos. El caso español fue muy evidente: el rescate a las cajas de ahorro, que fue realizado con dinero público, vino causado por los errores de los bancos alemanes y de otros países del norte de Europa. El exceso de ahorro de sus Estados no se destinó a potenciar sus capacidades,

105. <https://www.lavanguardia.com/internacional/20170321/421073693939/dijsselbloem-paises-sur-copas-mujeres.html>.

sino que se prefirió comprar grandes cantidades de activos financieros vinculados a los mercados inmobiliarios de Estados Unidos o de España. Cuando se desplomaron los mercados de CDO con subyacente *subprime* estadounidenses, se produjo un efecto cascada que afectó a todos los activos referenciados al mercado inmobiliario. Y esto dañó mucho más a los bancos alemanes, a los belgas o a los de Países Bajos, ya que estaban muy expuestos al riesgo: sus pérdidas fueron notables. El rescate de las cajas fue en realidad un rescate a las entidades de tales países, porque el capital español suponía una garantía implícita para el riesgo inmobiliario que acumulaban en sus balances.[106] La mala gestión de unos directivos que decidieron invertir en productos muy dudosos creados por la esfera financiera de Wall Street fue pagada por triplicado por los países del sur: en capital, en deterioro de la economía de sus ciudadanos y en cínicas lecciones morales.

Vance hizo algo similar con la Unión Europea: culpar a los perjudicados del mal que sufrían. Eso desorientó profundamente a las élites continentales, que creían estar haciendo lo correcto y recibían una amonestación moral como recompensa por haber seguido las instrucciones estadounidenses. Sin embargo, no era tan sorprendente: esa actitud ha sido parte indispensable del capitalismo protestante de este largo siglo. Quienes perdían lo hacían a causa de sus déficits morales. Las élites europeas creían formar parte del lado correcto de la historia, y por eso se habían permitido utilizar esa misma estrategia contra los países del sur o contra los países africanos. De pronto, descubrieron que ellos eran el destino de esas mismas flechas, cuando hasta hace muy poco eran quienes las lanzaban.

El marco mental del largo siglo estadounidense

El protestantismo fue interpretado por Max Weber como la base cultural que hizo posible el capitalismo. El alemán insistió en

106. <https://nadaesgratis.es/garicano/quien-quiere-el-%E2%80%9Crescate%E2%80%9D-de-espana-y-por-que-por-cesar-molinas>.

que analizaba un tipo ideal, que esa unión entre religión y economía nunca existió de una manera cristalina y que, si ocurrió, fue en un momento muy lejano. Sin embargo, la mentalidad protestante[107] causó muchos efectos que fueron favorables para el desarrollo del capitalismo. Por un lado, los procesos acumulativos que obligaban al trabajo duro y a la actitud frugal potenciaron la inversión; por otro, como subraya Emmanuel Todd,[108] la ética protestante creó sociedades alfabetizadas, en las que leer y escribir era obligatorio para acceder directamente a la Biblia, cuyo efecto colateral fue la producción de un buen número de titulados en ámbitos científicos y técnicos, lo que brindó a sus países una ventaja significativa.

Esa asociación fue debilitándose a lo largo del siglo XX, y Todd liga la decadencia estadounidense a ese alejamiento. Los cambios en el sistema dieron lugar a un protestantismo zombi, aquel en el que la población acoge las creencias religiosas, cumple los ritos y acude a la iglesia, pero más como una costumbre y una necesidad social que desde la convicción profunda. El momento presente es el del protestantismo cero, aquel en el que las convicciones y los viejos valores se abandonan para dejar paso a una sociedad individualista e individualizada. Ése es el momento en el que se inicia el declive del imperio americano, porque los valores contemporáneos han perdido de vista los vínculos y las virtudes que lo mantenían vivo y que le permitían cobrar ventaja respecto de otros Estados.

Sin embargo, la deriva va un paso más allá. Ese protestantismo cero no sólo implica que las bases que daban sentido y dirección a un tipo de capitalismo desaparezcan, como afirmaba Todd, sino que ha ido acompañado de un desplazamiento: el marco

107. El protestantismo como religión es una cosa muy diferente de la mentalidad protestante. Las interpretaciones que en el texto se realizan son sobre la segunda, así como sobre las constantes que esa manera de pensar produjo sobre el capitalismo. Son una lectura sobre el uso político y económico que se ha hecho de esa doctrina. No hay juicios de valor, por tanto, acerca de la esencia religiosa del protestantismo, ni de sus diferentes ramificaciones, lo que compete a otros ámbitos y a otro tipo de expertos.

108. Todd, Emmanuel, *La derrota de Occidente*, Akal, 2024.

mental en el que se construyó esa ideología se ha trasladado, casi de manera íntegra, hacia las áreas realmente relevantes de la vida del país hegemónico, el mercado y la geopolítica. Este deslizamiento explica gran parte de las disfunciones estadounidenses, de sus fracasos y éxitos de los últimos tiempos, pero también dibuja el camino de salida que sus élites han decidido tomar.

Los Estados, y especialmente los hegemónicos, resuelven por la vía de los hechos una serie de asuntos relacionado con su gobernabilidad. Establecen cuáles son sus equilibrios internos, la cantidad de poder del que gozan los sectores con más influencia y recursos, cuáles son sus contrapesos y qué papel juegan *de facto* las poblaciones. Del mismo modo, establecen qué hacer frente al resto de los Estados y cómo actuar respecto de enemigos y aliados. Son decisiones siempre atravesadas por las circunstancias concretas, por la mayor o menor cohesión entre las élites y por la legitimidad interna del sistema, y quedan condicionadas por la existencia de una estructura institucional que permite unas posibilidades y frena o rechaza otras. Pero sobre todo esto sobrevuela, como factor determinante, la visión del mundo que las élites del país poseen. Especialmente hoy, cuando las tensiones entre ellas explican las tensiones de Occidente.

El marco mental con el que los dirigentes estadounidenses han abordado los desafíos políticos y económicos ha formado parte mucho más de una visión moral que de una realista, la que toma en cuenta las estructuras objetivas de la sociedad y los equilibrios de fuerza con otros países. Es la conexión de las ideas con la moral la que marca un punto de partida y una manera de analizar y enfrentarse a los problemas, y esto funciona tanto en el Partido Republicano como en el demócrata, aunque cada uno de ellos haya trazado su propia deriva.

El marco estadounidense está anclado en una mirada que proviene del protestantismo, esa que subrayaba cómo la tarea del ser humano consistía en demostrarse a sí mismo, y a la comunidad, que se pertenecía al grupo de los elegidos, lo que no se conseguía desafiando el orden natural, sino cumpliendo fielmente sus reglas. En su aplicación a la economía, los preceptos eran diáfanos: la fortaleza de carácter de los elegidos llevaba al trabajo duro y al ahorro, y esa actividad incesante producía la riqueza personal. No había límites para ésta, porque cuanta más se poseyera, más fuerza de voluntad reflejaba y más legitimada quedaba su posición. La otra cara de esa visión se manifestaba respecto de las personas en situaciones materiales difíciles, que debían su situación a las debilidades personales. La falta de entereza y su predisposición a la holgazanería y a la vida poco ordenada las había llevado a la pobreza. No había, por tanto, caridad posible con ellas, porque el mal lo llevaban dentro; la verdadera ayuda consistía en disciplinarlas y situarlas en el camino correcto, de manera que extirparan ese diablo interior que les conducía a la indolencia, la pereza, la rebeldía o las costumbres disolutas.

La mentalidad protestante, por lo tanto, no sólo ofrecía una explicación de las diferencias de poder y recursos, sino que interpretaba éstas desde términos individualizadores ligados a una mayor o menor entereza de espíritu. Esta mirada se imbricaba en varios planos: había un orden natural e inmodificable hacia el que se debía tender, y cuanto más se acercara el ser humano a él, mejor fortuna tendría. La autorresponsabilización era esencial. La suerte de cada cual quedaba forjada por sí mismo, y las determinaciones provenientes de las estructuras de las sociedades, las clases sociales y las diferencias de poder eran irrelevantes en última instancia; conformaban las excusas a las que los débiles intentaban acogerse para justificar su falta de carácter. La lucha contra el pecado debía compaginar educación y castigo: era necesario señalar el camino de la verdad a esas poblaciones que se dejaban arrastrar por las pulsiones anímicas.

La idea de un bien absoluto al que se debía tender convertía los problemas en puras expresiones del pecado. Esa visión, que puede tener sentido desde la perspectiva religiosa, carece de cualquier sostén en la realidad cuando se habla de política, de economía o de relaciones entre Estados. Al traspasar la política y la economía al marco religioso, se podía prescindir de las relaciones de fuerza, las determinaciones estructurales y del distinto reparto del poder: se convertía todo en una cuestión puramente interpretable desde los déficits morales.

La explicación de las disfunciones del sistema a través de predisposiciones subjetivas ha sido constante en el capitalismo americano: la falta de esfuerzo, la pereza y la afición al alcohol de los primeros tiempos del capitalismo protestante, las fantasías de la mente humana que aspiraban a realizar el paraíso en la tierra en la época del liberalismo de la guerra fría, los efectos de la caridad perversa que aparecía en forma de justicia social, las costumbres disolutas del individualismo contracultural, la falta de adaptación de las poblaciones a unos tiempos que demandaban flexibilidad, apertura al cambio y pensamiento positivo, la mentalidad reaccionaria de unos seres humanos que se oponían al progreso o el deseo mimético de unos sujetos que trataban de obtener ilegítimamente lo que otros tenían han sido explicaciones que han dado forma a un largo siglo. En el ámbito económico y en el de las relaciones internacionales, ese mismo marco era utilizado sistemáticamente, de forma que los enfrentamientos no tenían lugar con actores dotados de autonomía que perseguían objetivos propios, sino con distintas expresiones del pecado. No se enfrentaban a rivales, sino al mal en sí mismo.[109] Incluso ahora, la batalla entre élites se lleva a cabo en los mismos términos por ambas partes, como si fuera una lucha entre Dios y el diablo.

Ésta es la especificidad del momento occidental: la decadencia americana es explicada a partir de autoridades irresponsables

109. Un par de ejemplos recientes. La falta de comprensión del mundo tal y como es, por encima de las pretensiones idealistas, tiene consecuencias serias. La salida de Irak y de Afganistán fue producto de ese idealismo. A la hora de asentar los territorios tras la invasión, se enviaron contratistas y consultores armados con Excel. Se pretendió imponer una visión gestora claramente inadecuada para esos países, y a la que tampoco se vinculó a sus élites, por lo que resultó imposible establecer un camino de estabilización perdurable. El otro caso es Rusia. Era evidente que los intentos de trasladar las fronteras de la OTAN hasta Ucrania iban a provocar una reacción del Kremlin, al igual que la negativa estadounidense al Nordstream 2, un proyecto tejido por dos países soberanos, como Alemania y Rusia. Era esperable una respuesta, que se ignoró por parte del *establishment* estadounidense. La invasión rusa, contraria al derecho internacional, es condenable, pero no cabe ignorar la ceguera que el idealismo moralista provocó respecto de las posibles consecuencias.

que están debilitando el país con su falta de entereza moral. Unos señalan al globalismo tecnocrático que ha limitado la capacidad de acción de Estados Unidos y que permite que los países extranjeros se aprovechen de sus ciudadanos y les quiten lo que es propio; otros, a una facción autoritaria que quiere llevar el país hacia la autocracia. Es natural, porque los enemigos internos siempre han sido la prioridad de este capitalismo protestante privado de religión.

La libertad para hacer el bien

En paralelo a la continua difusión de justificaciones morales, se ha producido un proceso de concentración paulatino del poder y de los recursos. Desde los años cincuenta, Estados Unidos ha tendido a deshacer todas las estructuras impulsadas en la época de Roosevelt, presa de una pulsión insistente a frenar el contrapeso que la arquitectura del Estado realizaba, en lo político y en lo económico, respecto de las clases con mayor poder. La democracia era necesaria, pero tenía sus límites, por lo que se extrajeron decisiones del debate democrático, a menudo mediante instituciones creadas al efecto. Los bancos centrales separados de la política, el cada vez mayor margen de acción de Wall Street por encima de los Estados, la acción permanente de servicios de inteligencia que operaban por encima de los representantes elegidos, o el mismo nacimiento de una Unión Europea que consagró el gobierno tecnocrático, ha llevado a que los expertos tomen medidas en ámbitos muy relevantes para la vida cotidiana por fuera de la participación y de los controles democráticos. Al mismo tiempo, se ha producido una concentración de los recursos que ha creado una fina capa social que posee grandes cantidades de dinero, mientras que las clases medias y trabajadoras occidentales se han visto económicamente muy dañadas, lo que ha conducido a una desigualdad inédita desde hace un siglo. El poder y el capital se sitúan en esferas cada vez más alejadas de la gente común.

No es extraño que, en lo que se refiere a la economía, el camino de salida estadounidense sea acentuar esa concentración de poder y recursos. Las presiones de las élites que arropan a Trump para gozar de una mayor libertad de acción en un mercado frenado por las regulaciones y por los obstáculos que colocaron el partido de Biden y sus aliados europeos, así como la necesidad de liberar de constricciones a los «magos tecnológicos», están promoviendo un giro hacia ese capitalismo cercano al darwinismo que promueven muchos líderes de la derecha internacional, desde Elon Musk hasta Milei.

El capitalismo libertario es el punto límite de ese protestantismo cero en el que Dios queda sustituido por el mercado; es el momento en el que las formas de interpretar el mundo que se observaban en la doctrina religiosa se sobreimponen a la economía como si fueran una plantilla. Para sus seguidores, el libre mercado es el bien absoluto hacia el que hay que tender. Es el orden natural, que resulta perturbado de continuo por las interferencias de los políticos, por los intentos de extraer el dinero a las clases que lo crean o por las cortapisas que impiden que los más capacitados brillen. Si todas esas trabas desaparecieran, prevalecería el orden natural, del mismo modo que si se apartara del pecado a las poblaciones dadas al vicio, resplandecería el orden de Dios. De esta forma, se lograría un orden socialmente justo, ya que reinaría la libertad, que es sinónimo de responsabilidad personal. Cada participante en el mercado, libre de coacciones estatales y gremiales, jugaría sus bazas como considerase oportuno, por lo que el beneficio que consiguiese sólo dependería de su esfuerzo y de su talento.

También la política vive un proceso de centralización del poder, ligado al debilitamiento de los mediadores y, por tanto, a la individualización. Las autocracias no dicen basarse en la desconexión con la gente común, sino en la promesa de que el líder benevolente entenderá sus necesidades de una manera mucho más cercana que unas estructuras democráticas pervertidas, que impiden que la voz del pueblo sea realmente escuchada. Esa relación individual del ciudadano con el líder, no mediada por intereses bastardos, es un hecho cada vez más presente en la política mundial. China, como otros regímenes contemporáneos, basa su legitimidad en una dirección autoritaria, pero que afirma escuchar permanentemente a su pueblo y tomar decisiones en su beneficio. En las democracias, las demandas de sus líderes de una mayor capacidad de acción es un hecho en muchos países, con Estados Unidos a la cabeza: la necesidad de desorganizar las estructuras estatales queda justificada por el dominio que los expertos demócratas ejercen sobre ellas, lo que perjudica al ciudadano común. El objetivo último es que las grandes posibilidades de su país se concreten, y para eso necesitan liberarse de constricciones. Como afirmó Donald Trump, «quien salva a su país no viola ninguna ley».[110]

La contradictoria demanda de libertad por parte de las opciones que tienden a concentrar los recursos y el poder tiene sentido si se entiende como una acción constante que pretende librarse de los obstáculos que impiden una acción virtuosa, la que construiría un mercado mucho más cercano al ideal o un país con mucha mayor potencia. Es libertad para hacer el bien y para combatir el mal, y ésa es la esencia de la salida que se propone a los problemas del capitalismo liberal contemporáneo.

110. <https://x.com/realDonaldTrump/status/1890831570535055759?t=QrqOY6fsvBCnhlotWnMo7Q&s=03>.

6

Enter Carl Schmitt

El 23 de noviembre de 1932, Carl Schmitt pronunció una conferencia ante más de 1.500 personas en «La sala del emperador» de la Tonhalle en Dusseldorf. Su público pertenecía a las élites alemanas, personas del mundo de los negocios, de la administración y de la política. Había sido invitado por una organización patronal, Lagnane Verein, la Unión para la Conservación de los Intereses Económicos Comunes de Renania y Westfalia. Su intervención era muy esperada, dadas las circunstancias. El canciller, Franz von Papen, acababa de dimitir, y el nombre de Hitler sonaba como su sustituto. Su discurso, *Un Estado fuerte y una economía sana*, trataba de alejarse de los postulados nazis a través de un programa de salida de la crisis que resuena hoy con fuerza.

Los asistentes al acto eran mayoritariamente favorables al Estado mínimo. La visión de Schmitt era la opuesta. Según el constitucionalista, el Estado se había totalizado, estaba demasiado presente en la vida cotidiana y en la económica a causa de la democracia. Los más diversos sectores exigían, a través de sus representantes electos, la satisfacción de todo tipo de demandas, lo que acababa obligando al Estado a dar respuestas a numerosas situaciones. La sociedad se entrometía demasiado en el Estado, le hacía perder su autonomía y lo obligaba a intervenir en demasiadas áreas.

Una economía sana no podía conseguirse con un Estado débil, aseguraba Schmitt, ya que éste tenía que limpiarse de todo tipo de cuerpos extraños que lo parasitaban. No proponía únicamente una intervención quirúrgica, sino que ésta debía acompañarse de una acción enérgica: debía existir un intervencionismo liberal que no funcionara contra las leyes del mercado, sino a su favor.[111]

Para alcanzar tales objetivos, Schmitt proponía la creación de una suerte de cuerpo intermedio configurado por los grandes organismos patronales. Lo que el profesor de Derecho Constitucional estaba proponiendo a los empresarios era que cambiasen su manera de pensar y que entendieran la necesidad de fortalecer la estructura en lugar de debilitarla. Schmitt sabía que, si se pretendía liberar la economía, poner fin al intervencionismo estatal, a las cargas fiscales, al gasto público y a las leyes de protección laboral, sólo podía hacerse desde un Estado fuerte que presionara para que estas intrusiones disruptivas cesasen.[112] No se precisaba de un Estado neutral ni de un Estado mínimo: la articulación de las demandas populares a través de la democracia estaba obstruyendo las acciones necesarias, por lo que era precisa una reorganización que sólo podía hacerse desde arriba.

Schmitt proponía un camino alternativo al nazi, ya que apostaba por un poder presidencial verticalizado que colocase la fuerza del Estado a favor de un programa económico que conviniese el libre mercado. Era mucho más partidario del extremo centro que del fascismo.[113] Herman Heller lo definió como liberalismo autoritario. Grégoire Chamayou señala con acierto cómo ese tipo de intervencionismo se presentó como aceleracionismo liberal: «A partir de entonces, la política sólo podrá verse como un variador de velocidad: no podemos cambiar el curso de las cosas, sólo podemos avanzar rápidamente».[114]

111. Schmitt, Carl; y Heller, Herman, *Du libéralisme autoritaire* (estudio y notas de Grégoire Chamayou), La Découverte, posición 199 (edición de Kindle).

112. Ibídem, p. 253.

113. Ibídem, p. 153.

114. Ibídem, p. 565.

El discurso de 1932 no encontró entonces una aplicación práctica, porque el salto adelante que se produjo fue mucho mayor, pero su marco sí tiene ecos en nuestra época. La tentación evidente es subrayar que los postulados de Musk, que tienen un poder significativo sobre las derechas contemporáneas, parten de la visión de Schmitt. La necesidad de liberar las energías privadas frente a un Estado continuamente regulador, que exige demasiados tributos, gasta en exceso, actúa de manera ineficiente y aplasta la iniciativa, suena de nuevo con fuerza como solución a estos tiempos. La apuesta por la aceleración que aparece en el ideario económico de las derechas actuales habría quedado prefigurada en las palabras de Schmitt.

Sin embargo, el jurista alemán iba más allá de un mero programa económico: abogaba por una acción política que pudiera liberarse de las constricciones con que las estructuras vigentes estaban aprisionando a su país. Ése es el mensaje que Trump ha entendido claramente: en un momento de crisis, debía rehacer la organización institucional de modo que no sólo dejase más margen para impulsar el crecimiento por la vía de la liberalización del mercado, sino que permitiera recuperar el vigor internacional estadounidense.

Por nuevos caminos, se estaban repitiendo los problemas que Kissinger y Nixon habían identificado a principios de los años setenta. Ya no se trataba únicamente de que China hubiera emergido con enorme fuerza, sino de que los aliados occidentales tenían visiones diferentes de la estadounidense sobre cómo afrontar los nuevos riesgos; Rusia y China estaban cada vez más unidas; los intentos de alejarse del dólar o, al menos, de exponerse menos a él, resultaban cada vez más frecuentes; Estados Unidos se había parado industrialmente y existían países más vigorosos en ese sentido, algunos con enormes posibilidades de crecer; el déficit comercial y el de la deuda continuaban aumentando; y la división interna entre las élites estadounidenses había quedado de manifiesto.

Trump ha comenzado a mover sus piezas para modificar la situación y lo ha hecho en términos semejantes a los descritos por Schmitt, también en la esfera internacional. Dado que el poder de su país se ha visto limitado, cuando no seriamente perjudicado, por el entramado de instituciones y normas que daban forma al orden global, era el momento de romper con él y darle una nueva dirección. Su solución no ha sido la de caer en el aislacionismo, sino la de rehacer ese orden en términos más favorables para Estados Unidos. Schmitt señalaba que, frente a una estructura que obliga a una serie de procedimientos y deberes, la parte que tiene más poder debe desorganizarla para conseguir mayor autonomía y poder de decisión. «Estado fuerte, economía sana» es justo la respuesta que el presidente estadounidense está dando: gracias al uso de su poder (económico, político, energético, diplomático, militar), la economía de Estados Unidos se regenerará. Washington se había autocontenido, pero eso se ha terminado. Una serie de Estados con superávits comerciales, como China o Alemania, se estaban aprovechando de la candidez estadounidense y perjudicando a sus nacionales; Europa no quería hacer frente al pago de su defensa; México instalaba fábricas chinas y les enviaba fentanilo; Canadá vivía a su costa. El mismo mensaje de Schmitt (el Estado estaba colapsado porque tenía que hacer frente a unas demandas excesivas, por lo que había que limpiarlo de parásitos) es ahora repetido por Trump en el plano internacional. Si la propuesta del alemán fue calificada de liberalismo autoritario, el presidente estadounidense ha dado comienzo al internacionalismo autoritario.

Esta idea funciona en diferentes direcciones porque, para el salto adelante que Trump ha apostado por dar, se hacen precisas nuevas estructuras. La economía es un terreno en el que se refleja de manera nítida el camino que ha tomado Washington.

Dividir a los enemigos (y a los aliados)

El reparto de papeles en el orden de la globalización estaba bien delimitado: Estados Unidos poseía el poder financiero, gracias a contar con el dólar como moneda de reserva, y países como China, Alemania y Japón, la fuerza industrial. El cierre del círculo que sustentaba la hegemonía estadounidense requería de una condición, que los beneficios generados en el ámbito de la producción fuesen a parar a Estados Unidos.[115] Así ocurrió, y en Europa conocemos bien sus efectos, porque los superávits constantes de Alemania y de los países del norte de Europa no se destinaron a mejorar la economía continental, ni siquiera a reforzar las capacidades de sus propios países, sino que acabaron en los bonos del Tesoro estadounidense, en su esfera inmobiliaria, en sus mercados bursátiles o en sus fondos de inversión.

Esta estructura produjo el déficit comercial con el que ahora quiere acabar Trump, pero también generó efectos positivos para el Tesoro. El enorme presupuesto de su ejército no se habría podido financiar sin todo ese capital global fluyendo hacia Estados Unidos. Se trataba de una articulación económica que aportaba ventajas evidentes para las clases con más recursos, ya que financiarse con capital extranjero permitía bajadas notables de impuestos a las capas más altas y forzaba una economía más abierta. El privilegio exorbitante del dólar fue el paraguas bajo el que se construyó la economía fisurada.

A la larga, los efectos negativos han sido notables en muchos ámbitos. La deuda estadounidense es gigantesca, el déficit comercial elevado y la desindustrialización un desastre para el país. Además, sus ciudadanos vieron cómo su nivel de vida descendía a causa de la pérdida de poder adquisitivo provocada por un orden que deslocalizaba la producción y enviaba los beneficios hacia la parte más afortunada de la sociedad, por lo que la desigualdad aumentó sustancialmente. Todos estos problemas fueron puestos de manifiesto por Trump en su campaña electoral, y fueron exactamente los que le llevaron a la victoria. Más allá de los votos de los grupos típicamente republicanos y de los conservadores trumpistas, hubo un añadido electoral que le condujo a la presidencia, como fue su capacidad de ganarse a los estadounidenses con un programa impugnatorio que señalaba riesgos significativos y males muy presentes.

Estados Unidos, por lo tanto, pretende ganar capacidad in-

115. Parte de este epígrafe apareció en <https://www.elconfidencial.com/economia/2025-03-02/trump-aranceles-economia-dominio_4075957/>.

dustrial y reducir su déficit comercial al mismo tiempo que el dólar no deja de ser la moneda de reserva. El primer objetivo sería fácil de conseguir a través de los aranceles y el impulso de la industria nacional, pero eso podría conllevar una espiral inflacionaria. Stephen Miran, presidente del Consejo de Asesores Económicos (CEA, por sus siglas en inglés) publicó un informe, *A User's Guide to Restructuring the Global Trading System*,[116] en el que detallaba cuáles eran los caminos para conseguir todas esas metas sin modificar la posición de dominio estadounidense.

Miran era consciente de los riesgos existentes a la hora de aplicar aranceles. Si otros países tomaban represalias y respondían con las mismas armas, los efectos positivos se desvanecerían; pueden no reducir el déficit comercial si lo que acaban provocando es una subida del precio del dólar; también pueden provocar inflación, por lo que sólo son útiles cuando consiguen que los precios de los bienes importados apenas suban. El ámbito económico ortodoxo, el que ha marcado la pauta durante la época de la globalización, ha señalado con enorme frecuencia que el plan arancelario no va a funcionar, y que incluso beneficiará a China. Pero la estrategia de Trump no es sólo aplicar aranceles. Tampoco se trata exactamente de reducir el déficit comercial. El fondo del asunto es schmittiano: recomponer el orden internacional en beneficio de Estados Unidos.

Washington cuenta con dos armas poderosas para conseguir sus objetivos, los aranceles y la amenaza de eliminar su escudo militar, y ha comenzado a aplicarlas. Europa es un buen ejemplo de su efectividad combinada. Por una parte, la conminación a que los países europeos gasten más en defensa, porque de otro modo no contarían con el respaldo de Washington, está forzando a la Unión Europea a supeditarse a sus directrices, tanto en lo que se refiere a un gasto mucho mayor en armamento como a la provisión de fuerzas a Ucrania. Las compras se realizarán en su gran mayoría a empresas estadounidenses, lo que es una forma

116. <https://www.hudsonbaycapital.com/documents/FG/hudsonbay/research/638199_A_Users_Guide_to_Restructuring_the_Global_Trading_System.pdf>.

de reforzar la industria de Washington. Del mismo modo, han sido argumentos vinculados a la seguridad (junto con la voladura del gasoducto Nordstream 2) los que han llevado a que la Unión Europea se separe del gas y del petróleo ruso, un proveedor habitual y más barato de energía necesaria para los países continentales. En tercer lugar, han sido razones de seguridad las que han impulsado la expansión de sus empresas tecnológicas en el continente, tanto por su vinculación a la defensa, como por la presión para que las firmas chinas no encontraran mercados para productos como el 5G.

La amenaza de los aranceles generará otro tipo de efectos, que ya están comenzando a sentirse. Reino Unido está negociando un acuerdo de libre comercio con Washington, por supuesto en condiciones favorables a Estados Unidos. México y Canadá se verán obligados a ofrecer concesiones. El programa para Europa es diferente, puesto que, con los aranceles puede presionar para que cambie los bonos del Tesoro de vencimiento temprano que posee el Banco Central Europeo por otros a más largo plazo o para que la industria europea, particularmente la alemana, se traslade a Estados Unidos.

La combinación de ambos instrumentos conformará un doble camino;[117] por una parte, una serie de países, protegidos por la seguridad que proporciona Washington, perderán industria y adquirirán más bienes y servicios estadounidenses, aunque eso les empobrezca; otra serie de Estados tenderán a alejarse de Estados Unidos y a acercarse a China, pero seguirán proporcionando recursos a la administración Trump mediante el pago de aranceles. Por una vía o por otra, Washington seguirá financiándose gracias al capital extranjero, ya que, al aumentar su poder, los ahorros de los países integrados en su esfera seguirán aterrizando en el Tesoro y en la esfera financiera de Wall Street, a lo que se añadirán los recursos que obtenga gracias al pago de los aranceles. El dólar continuará siendo la moneda de reserva mundial y habrá fortalecido a su industria, o al menos a sus firmas

117. «Donald Trump's economic master plan.» <https://unherd.com/2025/02/why-trumps-tariffs-are-a-masterplan/>.

tecnológicas, energéticas, armamentísticas, que son los pilares de su dominio.

El plan tiene riesgos, en la medida en que Estados Unidos ha elegido ser financiado por las provincias del imperio en lugar de financiarse a sí mismo, y tampoco se dirige hacia una reindustrialización generalizada, lo que supone profundizar en las bases económicas de décadas anteriores, y no un cambio de rumbo. En segunda instancia, genera incentivos para que las economías extranjeras, sobre todo las más potentes, den pasos adelante hacia la desdolarización y busquen vías alternativas a la dependencia de Estados Unidos.

Pero, en todo caso, la dirección que ha tomado la administración Trump refleja su esencia schmittiana. La pérdida de poder relativo que ha sufrido Estados Unidos, producto de un orden internacional que se había plegado a las exigencias de demasiados actores, hacía imposible enfrentarse a todos los riesgos a la vez. La estrategia consiste en la fragmentación, de modo que se individualice la relación con sus socios y sus rivales, y pueda conseguir de ellos, en esa negociación uno a uno, diferentes ventajas. Y esto no ha ocurrido sólo en la economía, también se está produciendo en el plano geopolítico.

El cerco a China

La guerra de Ucrania ha impulsado una cooperación estrecha entre Pekín y Moscú, lo que supone un problema sustantivo para Washington; una gran potencia económica se ha aliado con una gran potencia nuclear, lo que implica la creación de un frente común que puede dañar el poder estadounidense. La negociación de la paz en Ucrania ha mostrado hasta qué punto Estados Unidos se había tomado en serio esa asociación, y trataba de alejar, en cierta medida, a ambos países. Como aseguró el secretario de Estado, Marco Rubio, Estados Unidos tiene una tarea difícil, dado que es consciente de que no logrará desvincular a Rusia de China por completo, pero su propósito no es exactamente ése, sino permitir que Moscú disponga de vías para trazar políticas que no dependan totalmente de Pekín. En otro caso, «en cinco o diez años, existirá una situación en la que, independientemente de que Rusia quiera mejorar sus relaciones con Estados Unidos, no pueda, ya que se habrá vuelto por completo dependiente de los chinos».[118] Ese intento de debilitar el vínculo entre ambos países conlleva el sacrificio de intereses europeos, ya que supone permitir un ámbito de influencia claro de Rusia respecto de países del continente, así como su proyección en Asia.

En segunda instancia, la negociación con Rusia incide en una región esencial para Estados Unidos, como es Oriente Medio, puesto que ha de reconstruir los Acuerdos de Abraham después del 7 de octubre. El hecho de que el primer encuentro para acordar un acto el fuego se celebrase en Riad, la capital de Arabia Saudí, indica el deseo del nuevo *establishment* de Washington de estrechar las relaciones con Bin Salman. Este vínculo, si se consolida, conllevaría cambios de gran calado. En primera instancia, Estados Unidos debe dar una solución al conflicto entre Israel y Palestina: la incorporación de Gaza y Cisjordania al territorio israelí, como promueven tanto Netanyahu como Trump, debe contar con una aceptación entre los países de la zona respecto del hecho en sí, pero también acerca de qué hacer con la reubicación de la población palestina. En ese escenario, la administración Trump entiende que el punto central reside en Irán, el líder del eje de la resistencia. Si se favorece el poder regional de Arabia Saudí en detrimento de Teherán y se estrechan sus lazos con Israel y Estados Unidos, será mucho más sencillo que los propósitos de la administración Trump sobre la pacificación de esa zona se cumplan. Pero Irán y Rusia han incrementado su cooperación en estos años en lo que respecta al intercambio de armas, a la tecnología y a los modos de evadir las sanciones occidentales, además de aumentar sus intercambios comerciales. Si los acuerdos sobre el final de la guerra de Ucrania conllevan, como condición, una disminución de esos vínculos, Irán quedará mucho más expuesta y tendrá menos opciones de resistir la presión estadounidense, que será muy intensa en varios planos.

118. <https://www.breitbart.com/politics/2025/02/25/exclusive-rubio-details-trump-offense-china-belt-road-initiative/>.

En segundo lugar, el vínculo con Riad es esencial en el terreno energético. En las negociaciones de Riad estaban sentados a la mesa Estados Unidos, Arabia Saudí y Rusia, los tres productores de petróleo más importantes del mundo. El control sobre la energía y sobre sus precios es fundamental para la administración estadounidense, por lo que establecer un ámbito de cooperación entre los tres países permitiría afianzar el poder de Washington. Sería una mala noticia para Estados productores como Irán o Venezuela, dificultaría las cosas a Europa y complicaría el desarrollo chino. Y no debe olvidarse que una de las promesas formulada con más insistencia por Trump en las elecciones fue la del precio barato de la energía para sus conciudadanos, un factor clave para que la inflación disminuya.

En el plano económico, la colaboración de Arabia Saudí en la pacificación de su región es necesaria para establecer un nuevo corredor comercial que vaya desde India hasta Europa atravesando Oriente Medio, que es un propósito afirmado por Trump y por Modi. Sería un tercer puntal a la hora de debilitar a China, al ofrecer una nueva conexión a India y a su producción de bienes con el entorno occidental, lo que incrementaría los incentivos para que diferentes países se alejaran de Pekín.

Marco Rubio afirma que su prioridad número uno es el interés nacional estadounidense, pero siempre ha sido así. Lo que ha cambiado es el equilibrio de poder internacional. La hegemonía ejercida a través del *soft power* y los lazos financieros, que hacían de Estados Unidos el guardián del mundo y el promotor de la democracia como sistema de estabilización de los intereses económicos, ya no es posible en los términos antiguos. Es el momento del poder duro; la época del gobierno a través de los valores ha pasado y ha dejado su lugar a la diplomacia del palo y algo de zanahoria.

El propósito último de esa recomposición es limitar la capacidad de expansión china en todos los frentes posibles. Se trata de establecer nuevas alianzas que permitan cercar a Pekín, limitando su poder a su región geográfica. Ésta es la finalidad que anima las nuevas relaciones amistosas con Moscú, el intento de reducir al máximo el peso de Irán en Oriente Medio, el de promocionar a India como un rival económico y sistémico de Pekín, el de controlar el canal de Panamá y el de tener una presencia significativa en el Ártico. La posibilidad de que el eje conformado por Rusia, China, Irán y Corea del Norte fuera estrechando vínculos y convirtiéndose en una fuerza de oposición real y cohesionada frente al poder norteamericano ha llevado a la administración Trump a intentar establecer cortafuegos en todas las áreas geográficas posibles.

Esta estrategia es el producto de una dificultad de partida: Estados Unidos no puede dirigirse directamente contra China porque su poder ya no es suficiente para doblegar la voluntad de Pekín, y una confrontación abierta causaría mucho daño en ambos países. Es evidente en lo económico y lo financiero, donde las condiciones para desacoplarse de China están muy lejos de ser las idóneas. Al mismo tiempo, Washington ha apostado por la fragmentación a la hora de negociar porque carece de las capacidades para estar presente en Ucrania, derrotar a los aliados de Irán y al mismo tiempo contrarrestar a Pekín.[119] No puede sostener varios frentes a la vez, y lo mismo le ocurre en el terreno económico. El acuerdo con Rusia forma parte de esta idea de actuar escalonadamente; primero el frente europeo, después Oriente Medio, más tarde China.

Pero, para tener éxito en esa tarea, Estados Unidos necesita vincular decididamente a su esfera a los aliados, tanto en lo militar como en lo financiero. Ésa es la esencia de su propósito respecto de Europa: el horizonte último es establecer un frente común. La época de la hegemonía ha dejado su lugar a la de la preeminencia, y para recuperar una posición de verdadero poder Washington necesita supeditar a China y que regrese a su lugar subordinado.

China, mientras tanto, está recogiendo aquello que Occidente deja de hacer, como ocurrió en las últimas décadas. Le salió bien en el terreno productivo, ya que cuando Estados Unidos y Europa decidieron desindustrializarse, se convirtió en la fábrica del mundo; supo, además, evolucionar en tecnología y en ener-

119. <https://www.foreignaffairs.com/united-states/renegade-order-trump-hal-brands>.

gía. Le salió bien en el terreno internacional, porque al utilizar el derecho al desarrollo como oferta, y al convertir la lucha de clases en lucha de territorios, difunde una perspectiva no militarista y centrada en lo económico que le ha permitido ganar atractivo en muchos países del mundo. Ha logrado establecer redes de poder de las que resulta muy difícil escapar. En Latinoamérica, incluso en países con gobiernos claramente antichinos, como el de Milei, no se ha producido la desvinculación con Pekín: las consecuencias del desacople para Argentina serían desastrosas. Lo mismo ocurre con diversos países del continente americano, con África y también con Europa: los intereses comunes hacen imposible alejarse de Pekín sin sufrir daños en sus economías. Esa posición le permite utilizar de nuevo las bazas que el sistema occidental desecha: China está defendiendo el orden global, el basado en reglas, el de las instituciones internacionales; quiere modificarlo para contar con mayor participación en él, pero lo respalda, desde la ONU hasta la Organización Mundial de la Salud o la Organización Mundial del Comercio. Ésa es la razón del alejamiento estadounidense de las instituciones mundiales, ya que entiende que benefician sustancialmente a Pekín. Para frenar el crecimiento y la influencia chinos, la potencia principal está diluyendo las instituciones comunes e individualizando sus relaciones internacionales. Así se está conformando una nueva guerra fría, cuyo gran perdedor es el continente europeo.

El asedio a la Unión Europea

La guerra entre las élites occidentales, las que defienden la preeminencia de las ciudades y las que abogan por la nación, las comerciantes frente a las guerreras, define la segunda década del siglo XXI. La causa de ese enfrentamiento es el doble fracaso del orden basado en reglas, tanto en lo que se refiere a la consolidación de la hegemonía estadounidense como a la hora de mantener el nivel de vida de las clases medias y de las trabajadoras occidentales. Los republicanos consiguieron, gracias a una serie de argumentos ligados a la seguridad y a la revitalización de la potencia de Estados Unidos, no sólo el regreso de Trump, sino cambiar el enfoque con que los estadounidenses abordaban su relativo declive.

Una vez conseguido el poder, la administración Trump ha actuado en consonancia con el marco mental que ha recorrido este largo siglo estadounidense, el del capitalismo protestante: los obstáculos que explican la decadencia del país, su pérdida de fortaleza económica y el creciente poder de sus enemigos están en casa. Para recuperar su posición y su energía, la tarea fundamental es deshacerse de los enemigos internos. Existen una serie de políticas que sus rivales ideológicos han mantenido como las correctas durante las últimas décadas que no sólo resultan profundamente equivocadas, sino que han dañado la fuerza del país y el bienestar de sus ciudadanos. Es la hora de deshacerse de ellas. Todo lo que provenía de la administración anterior está siendo liquidado por Trump: los asesores, las ideas, la posición respecto de Ucrania, la política exterior, el modo de enfocar la economía. Pero también está alterando de forma imperativa las estructuras del Estado, expulsando de ellas a quienes le hicieron oposición, como esos fiscales despedidos, y actuando cada vez más mediante órdenes ejecutivas.

Ideológicamente, pocos rastros quedan del paso de los demócratas por el gobierno: Trump ha apostado decididamente por el petróleo y el gas, ha insistido en que el *fracking* es imprescindible, ha dejado atrás el impulso a las energías limpias y a la descarbonización; ha lanzado un combate feroz contra las políticas DEI, las que propugnaban la diversidad, la inclusión y la equidad, que están siendo borradas del ámbito público, pero también están desapareciendo de las directrices empresariales; el rechazo a la inmigración se deja sentir en sus políticas públicas; el combate contra la desinformación ha dejado paso a la libertad de expresión exigida por Musk; el libre comercio es negado mediante aranceles elevados. Muchas de estas cosas ya ni siquiera son defendidas por los congresistas demócratas. El único lugar en el que se habla de ellas como un proyecto que merece la pena defender es en Europa.

Y este aspecto es relevante para el Viejo Continente, porque el Partido Republicano considera a la Unión Europea como una mera extensión del proyecto demócrata. Eso es, en esencia, lo que J. D. Vance vino a decir durante su conferencia en Múnich y lo que Trump ha dejado claro con las conversaciones de paz para Ucrania: el programa de los demócratas estaba profundamente equivocado, y el de Bruselas también. Hay una pelea ideológica en marcha entre las élites occidentales, y la batalla contra Europa forma parte de ella.

Esa confrontación está teniendo lugar en varios planos. El presidente Trump aseguró que la Unión Europea se creó para dañar a su país, puesto que es un competidor que aunó esfuerzos para aprovecharse del mercado estadounidense, lo que logró beneficiándose del paraguas de seguridad que Washington le proporcionó durante muchos años. Es un argumento paradójico, ya que Estados Unidos promovió una Alemania desmilitarizada y vinculada financieramente a su país, para evitar que una potencia económica dispusiera de un ejército potente y, por tanto, pudiera convertirse en un desafío; la Unión Europea fue una creación sostenida por Washington, como lo fue la perspectiva económica liberal que adoptó; y Europa siguió a la OTAN, y en consecuencia a Estados Unidos, en lo que se refiere al frente ucraniano. Sin embargo, por más que sean razonamientos tergiversados, sirven para señalar cómo la Unión Europea es percibida por la administración Trump como un rival al que se debe subordinar mucho más que como un socio.

No es más que otra fase de esa reorganización del orden internacional en la que Estados Unidos trata de recuperar poder a costa de sus aliados. Los argumentos de la administración Trump señalan que la Unión Europea se ha aprovechado de la benevolencia comercial estadounidense, lo que le ha permitido crecer mediante exportaciones que aumentan un déficit comercial injustificable para Washington, pero también que el gasto de Estados Unidos en defensa ha permitido a los europeos contar con recursos para soportar su deficitario estado del bienestar. Ambas cosas deben terminarse: Estados Unidos debe crecer a costa de Europa como justa devolución de todo lo aportado.

Ese plan conlleva que los principales Estados de la Unión

Europea se vean obligados a aumentar sus gastos justo en el instante en que gobiernan en el continente opciones políticas que abogan por reducir déficits y ajustar las cuentas públicas. Los elevados precios de la energía aumentarán el estrés económico de sus entornos productivos, los aranceles frenarán las opciones de sus empresas, habrá que hacer frente a la reconstrucción de Ucrania, invertir en defensa y recortar las prestaciones sociales. Un programa muy difícil de llevar a cabo sin sufrir consecuencias graves internas.

Junto con la economía, existe un frente político. El telón de fondo es la partida que se está jugando para cambiar el eje que domina Bruselas. Los partidos de las derechas populistas y extremas han cobrado un peso sustancial en el continente, lo que ha tensionado al Partido Popular Europeo. Las formaciones que lo componen se han debatido entre hacer frente a las nuevas derechas o asumir parte de sus postulados para ganar atractivo electoral. Pero salvo en algunos países, como Alemania o España, las derechas liberales están perdiendo terreno, y en algunos casos, como Francia, han sido absorbidas por los partidos emergentes. Además, buena parte del ideario económico que traen las formaciones cercanas a Trump, como la desregulación, la apuesta por el libre mercado, la rebaja de impuestos y la disminución del peso de lo público, es plenamente compartido por ambas derechas. En ese contexto de incertidumbre, la pretensión de grupos como Patriotas por Europa o ECR es atraer a la derecha liberal hacia sus posturas en el Europarlamento y tejer así un nuevo eje, de modo que la tradicional alianza entre populares, socialdemócratas y liberales, que conformó el centro de la Unión Europea, se vea sustituida por una nueva, la de los populares y las nuevas derechas. Ese cambio traería consigo una Unión muy diferente en lo económico y en lo geopolítico, pero también en lo que se refiere al poder de Bruselas respecto de los Estados: la meta de las derechas es conseguir un margen de acción mucho mayor para las capitales. En el horizonte estaría una relación bilateral de cada país europeo con Estados Unidos, en lugar de una colectiva a través de la Unión Europea.

La desorientación europea

En abstracto, Europa tiene grandes condiciones para jugar un papel principal en la escena internacional, a través de la Unión Europea o de una alianza entre sus países más importantes, y para disfrutar de una economía sólida y de un nivel de vida comparativamente elevado. Dispone de un mercado interior poderoso, una moneda fuerte, mano de obra cualificada, capital propio y conserva todavía un núcleo importante de pequeñas y medianas empresas y una tradición militar que podría recuperar. Tiene en su mano herramientas para hacer frente a la guerra económica que plantea Trump, incluidos los aranceles e impuestos a las empresas financieras y tecnológicas estadounidenses que plantea Enrico Letta. Pero todo ese potencial se diluye a partir de una muy negativa comprensión del momento histórico, y no sólo porque pretenda conservar en la medida de lo posible la estructura del viejo orden global, del cual es particularmente nostálgico. Ésta es una época territorial, en la que las capacidades de los Estados son especialmente relevantes. Es la época del poder y la influencia, y por tanto de las fortalezas en economía, energía y defensa, de una dirección política clara y del impulso estratégico: justo eso de lo que la Unión Europea carece. Los países que la forman están escasamente alineados, la cohesión social es cada vez menor y las divergencias políticas aumentan, lo que facilita las interferencias extranjeras. Europa ha invertido muy poco en sí misma y mucho fuera, y el país que dirigió su destino durante décadas, Alemania, está en un momento de desorientación profunda.

Esta crisis, como otras recientes en la Unión Europea, ha sido descrita como una oportunidad para reforzarse. Y como en las anteriores, la respuesta es lenta, tardía e insuficiente. De momento, la urgencia se centra en realizar una fuerte inversión en defensa, que quizá se lleve a cabo mediante deuda mancomunada, como los fondos de la pandemia, y en luchar contra los autoritarismos. Pero con eso no basta. Éste es el momento de lo político, tal y como Julien Freund lo describía:[120] el de conservar,

120. Freund, Julien, *La esencia de lo político*, Civitas, 2018.

aumentar o perder el poder que se tiene, el de nuevos equilibrios de fuerzas; es un entorno de potencia, de conflicto, de jerarquías, de fuerzas sociales, de tensiones entre élites y entre éstas y sus poblaciones. En ese escenario, la Unión Europea no ha entendido el momento, que bien podría describirse a partir de la discusión de Freund con el filósofo francés Jean Hyppolite: los enemigos no se eligen ni se ignoran; es el enemigo el que te designa, y una vez que eso ocurre, se quiera o no, te conviertes en su enemigo. Estados Unidos quiere recursos de la Unión Europea; China, su mercado; Rusia, ganar influencia sobre Europa; todos tienen una pretensión y están operando en los términos del poder. Defenderse de esa situación requiere actuar en el mismo plano. La capacidad de supervivencia de Europa depende de su fuerza para hacer frente con éxito a todas esas amenazas. Una vez que se ha sido obligado a seguir la carrera del poder, no hay posibilidad de abstraerse de esa situación ni de mirar hacia tiempos pasados. Los enemigos te han designado.

En ese escenario, la Unión Europea se moverá entre dos posibilidades: o da pasos hacia una integración mayor (ya sea la del conjunto de la Unión o la de varios países pertenecientes a ella), en forma de consolidación del mercado único, unión fiscal y del mercado de capitales y nuevas estructuras políticas, o los dará hacia su fragmentación, de manera que los Estados consigan mayor autonomía, tracen nuevas alianzas y busquen proyectos propios. No se trata de Rusia, ni de Estados Unidos, ni de China, sino de la habilidad para tejer un camino común con capacidades soberanas o, si eso no ocurre, de devolver éstas a las capitales nacionales. Ésa es la encrucijada europea. Su primera reacción ha consistido en quedarse paralizada, y la segunda en un deseo de mantener el *statu quo* pero reforzando la defensa. No es más que un momento de transición.

El tiempo de McKinley

La administración Trump está intentando regresar a la época del presidente McKinley, y no sólo en el plano exterior, con la implantación de aranceles y la «doctrina Monroe», (ahora parafraseada como «doctrina Donroe»), sino en el plano interno: pretende una reorganización de la economía estadounidense mucho más abierta que se apoya en una nueva aristocracia del dinero, liderada por el ámbito tecnológico y financiero. El recorrido del capitalismo, que ha durado más de un siglo, pretende acabar en el punto de partida, el del inicio del siglo xx, el de la *gilded age*. La aparición de las empresas tecnológicas y las grandes cantidades de capital global invertidas en la esfera de Wall Street han provocado la creación de gigantes económicos que recuerdan a los de multimillonarios como Rockefeller, Vanderbilt, Carnegie, Gould, Schwab, Heart y Morgan. La reorganización de la vida económica estadounidense, y en buena medida global, alrededor de esta nueva aristocracia, es el paso final de una deriva ideológica que ha transformado por completo al conservadurismo. La tensión entre las exigencias religiosas y las del capitalismo se disolvió mediante la interpretación de las primeras en términos favorables al capital, lo que generó una alianza contra natura: el conservadurismo en las costumbres y el liberalismo económico eran opuestos, pero acabaron fusionándose. Esa unión se consolidó de manera revolucionaria en la época de Reagan, hasta tal punto que los demócratas estadounidenses quedaron subsumidos en ese marco. Desde los años ochenta, los progresistas se sumaron al proyecto neoliberal, se convirtieron en el partido de las urbes globales y se alejaron de la base material que les había sostenido como partido de masas. Eso fue posible porque establecieron una disociación: adoptaron la perspectiva económica de los reaganianos, pero combatieron ampliamente su ideario cultural y religioso. Nuestra época supone un paso más en esa evolución, ya que el salto dado por Trump no ocurre en el vacío: es el culmen de una evolución conservadora que transita desde Herbert Hoover hasta la actual administración, pasando por Nixon, Reagan y los dos Bush.[121] Éste es el momento en que las nuevas derechas están intentando borrar toda huella de lo que el capitalismo protes-

121. Ver capítulos 4 y 5.

tante percibió como el mayor pecado de la historia reciente de Estados Unidos: el *New Deal*. Hay facciones del Partido Republicano que se sentirían más cómodas en el mundo de Franklin Delano Roosevelt, en el que el rechazo de la aristocracia del dinero se compaginó con las costumbres conservadoras, pero son una minoría dentro del partido. Existen también facciones del Partido Demócrata, que están menos presentes en el progresismo global, que abogan por un tipo de economía más cercana a la del *New Deal*, pero distan mucho de ser la corriente dominante.

El doble eje introducido por Trump, el territorial y el liberal, conforma la ideología de este tiempo. Las élites europeas no pueden dar respuesta a ambos a la vez, ya que si bien salen perjudicadas por el giro en el primero como parte del continente que Washington quiere atar a su esfera de un modo mucho menos cooperativo, se sienten profundamente atraídas por su programa de apertura, libre mercado y desregulación. Rechazan uno, pero acogen otro.

Una de las características típicas de los territorios en decadencia es que sus élites deciden adaptarse a las posibilidades que les traen los nuevos escenarios en lugar de combatirlos cuando les son desfavorables. Cuando es posible, emigran e invierten en otros lugares, se desvinculan aún más de sus territorios y se aíslan de las consecuencias negativas que sus naciones sufren. Si no pueden permitirse ese movimiento, optan por buscar un encaje en el nuevo contexto y se convierten en mediadores asalariados entre las fuerzas dominantes y su territorio. Dado que las poblaciones no logran articular opciones políticas que cambien el rumbo, el declive se hace más profundo. Ésa es la tendencia presente en Europa, al menos por el momento.

Esa falta de reacción se aprecia especialmente en la tensión entre las distintas opciones ideológicas que determinan la política continental. Los progresistas han regresado al marco de los años ochenta, cuando los partidos socialistas abandonaron los propósitos de justicia social que les fueron propios para tener como objetivo la construcción europea. El Partido Socialista francés, como el español de Felipe González, fueron claros ejemplos de este giro, que ahora se repite. Entienden que es el momento de luchar contra Trump, y el único modo es reavivar la integración del continente, lo cual es parcialmente cierto. Sin una transformación mayor, no mejoraría nada, máxime cuando la Unión Europea no es hoy más que el lugar en el que el Partido Demócrata estadounidense ha externalizado la resistencia a los republicanos. Las derechas populistas y extremas entienden que es la hora del alineamiento con los Estados Unidos de Trump y, por tanto, de pelear contra la Unión Europea, y de devolver autonomía a los países. Mientras tanto, las derechas liberales optan por las dos cosas a la vez, no dar pasos en la integración europea, salvo el gasto en defensa, y no devolver poder a las capitales.

Es, pues, un momento de desorientación territorial e ideológica para Europa. Trump está dando respuestas a los problemas del orden precedente, y lo hace en unos términos que pueden no ser los mejores, pero las fuerzas que se oponen a él no han ofrecido ningún programa más allá de continuar en el marco precedente. El tiempo presente no es bueno, pero el anterior tampoco era bonito. Nada va a devolver a Occidente a la era de la globalización feliz. Los giros que están realizando los republicanos serán asumidos en su mayor parte por el *establishment* estadounidense, ni tampoco la tendencia hacia la soberanía volverá sola a meterse en la botella, en especial porque los votantes están apostando por las opciones nacionales como un camino de salida de los tiempos oscuros de la globalización. En ese contexto, cualquier propuesta política que quiera resultar exitosa debe ofrecer algo más que mantenerse en el pasado. Roosevelt no ofreció una versión demócrata que contemporizara con el programa republicano, sino que dio un salto adelante radical que dibujó un nuevo país. Nixon y Reagan no modificaron parcialmente el sistema existente, sino que lo revolucionaron. Trump lo está haciendo ahora, mientras que las izquierdas occidentales, que están bajo asalto, tratan de envolverse en la defensa del orden basado en reglas.

Cualquier intento de salir de este enredo tendrá que pasar por la ideología, y se deberá tejer desde los condicionantes de este tiempo. Pero, sin género de duda, tendrá que afrontar la cuestión fundamental que ha dado lugar a todos los problemas, la ausencia de cohesión social. La distancia entre capas sociales en cuanto a los recursos que se poseen, a las perspectivas de futuro y a los valores que se defienden está en el centro de las disfunciones occidentales. Y, a este respecto, convendría recordar alguna lección shakespeariana.

7

Shakespeare en Washington

La primera escena de *Coriolano*, obra tardía de Shakespeare, presta un altavoz a las reivindicaciones de la plebe, que reclama algo más que trigo. Forma parte de Roma, pero ha sido ignorada por los patricios. Los nobles romanos acabaron con la monarquía y forjaron una oligarquía que dio lugar a numerosos abusos. Los plebeyos amenazaron con marcharse de la ciudad y, fruto de ese choque, se crearon los tribunos, una institución cuyo objetivo era establecer un equilibrio entre los pocos y los muchos, entre la aristocracia y el pueblo. En ese instante se desarrolla la historia de *Coriolano*.

El carácter político de la tragedia es explícito desde su inicio. Shakespeare muestra una revuelta en la que la plebe expresa un profundo descontento: mientras los patricios gozan de la opulencia, a los ciudadanos les falta comida para alimentarse. Bajo la mirada de los oportunistas tribunos, uno de los nobles, Melenio, se opone a las pretensiones de los plebeyos advirtiéndoles de las consecuencias con una metáfora: actúan como si las partes del cuerpo se enfrentaran al estómago con el argumento de que éste pasa el día tragando mientras ellas trabajan. Pero es el estómago el que reparte la comida al resto del cuerpo, de modo que sublevarse contra él termina causando el mal a la totalidad del individuo.

Cayo Marcio Coriolano es el líder de los nobles, el más afamado de entre ellos, gracias a su valor y a sus cualidades militares. Es elegido cónsul, pero su nombramiento, para ser efectivo, requiere de la aceptación de la plebe. Coriolano debe pedir al pueblo su voto afirmativo, lo que constituye una suerte de humillación. Se vería obligado a pronunciar palabras en las que no cree y a contar mentiras para agradar a aquellos que desprecia. Supondría una traición a sí mismo y a los valores que defiende. El noble fracasa en su intención porque no es capaz, en su discurso, de mostrarse complaciente y de ceder a la falsedad.

Las maquinaciones de los tribunos le obligan a exiliarse de Roma y busca refugio entre los volscos, los enemigos de su ciudad. Se pone a su servicio y su rey le acepta de buen grado porque es conocedor de su valía. Coriolano podría entenderse, más que como un traidor a la patria, como un hombre especialmente cualificado y honesto, que es desterrado de su tierra por el juego turbio de la política. Es un aristócrata que odia la democracia porque da poder a un pueblo que carece de cualidades elevadas y que es cobarde en el campo de batalla. Sólo los más capacitados y los más brillantes pueden gobernar, ya que son quienes poseen el conocimiento y el valor precisos para defender la ciudad de sus enemigos externos y llevarla a la gloria. Negar eso supondrá la ruina de Roma. Puesto que un orden corrupto ha decidido renunciar a las virtudes que hicieron poderosa a la ciudad, justo es que se cobre venganza sobre ella. El ejército volsco que se encamina hacia Roma es dirigido por Coriolano.

En un momento crucial de la obra, su madre, su gran valedora y la que le imbuyó de los valores aristocráticos que defiende, su mujer, su gran amor, y su hijo, el futuro de su estirpe, le visitan para convencerle de que cese en sus intenciones y ponga fin al asedio. Sólo entonces Coriolano renunciará a la venganza.

El acierto de Shakespeare es situar como protagonista a un aristócrata realmente virtuoso; no se trata de un personaje ridículo o exagerado, sino un militar extremadamente competente, que atesora las cualidades necesarias para el mando. Del mismo modo, los tribunos responden a la imagen que Coriolano posee de ellos: envidiosos y retorcidos, piensan más en su bien propio que en el del pueblo. La propuesta de la obra entronca con esas conclusiones conservadoras sobre la democracia, según las cuales los representantes populares se aprovechan de la ignorancia de los incautos, les hacen creer que trabajan en su favor y se enriquecen por el camino, que tanto aparecieron durante el siglo XIX y que han vuelto con intensidad en las últimas décadas.

Pero Shakespeare asume la mirada de su protagonista sólo para hacerle entender una realidad superior. Incluso cuando la realidad tiene correspondencia con lo que Coriolano percibe, se equivoca al evitar la participación de la comunidad en el poder. Las plegarias de su madre y su mujer, cargadas de simbolismo, le confrontan con esa realidad del modo más crudo posible: podrá conseguir sus propósitos y demostrar que tenía razón, pero sólo pasando por encima de sus cadáveres. Su familia le ruega que se acoja a la paz, que proponga un fin de la guerra que resulte aceptable para ambas partes, y que genere un nuevo equilibrio. El noble debe renunciar a la venganza, que es la afirmación última de la validez de sus ideas, para que la ciudad pueda perdurar. Eso es lo que ha estado en juego desde el principio, pero no fue capaz de entenderlo entonces. La cohesión social y la participación de las distintas clases sociales en el poder son imprescindibles para la fortaleza de Roma. Shakespeare le da la vuelta a los argumentos de Menenio: todas las partes son necesarias, y el estómago tampoco puede rebelarse contra otros órganos del cuerpo, porque causaría su extinción.

El momento presente de Estados Unidos es un momento shakesperiano. Su reacción responde a la pérdida de hegemonía. Washington cuenta con elementos fundamentales para asentar su poder, pero poseer los medios necesarios no basta para asegurar la primacía. Las tensiones políticas internas han terminado generando decisiones equivocadas y la falta de equilibrio que queda definida en el dilema shakespeariano está en el centro de ellas. Sus consecuencias son notables en diversos órdenes.

La raíz de los problemas políticos

La democracia no sólo implica un procedimiento electoral o una serie de libertades que se despliegan en la esfera pública; cobra su sentido cuando las medidas se toman en representación de los intereses de todos quienes integran un pueblo o una nación. La economía fisurada que se creó en Estados Unidos provocó que, en la práctica, las inquietudes y las necesidades de buena parte de la población, especialmente de sus clases medias y trabajadoras, no hayan tenido voz ni presencia en la esfera decisional. El orden de las grandes urbes alentó una distancia notable, en lo económico y en lo cultural, entre quienes vivían en los puentes de mando y la mayoría de los ciudadanos.

Ésta es una de las causas habituales del declive de las grandes potencias: las élites escapan de los contrapesos que las estructuras democráticas (o políticas en su sentido amplio) establecen, quedan libres para perseguir sus propios programas y se muestran insensibles a los intereses del conjunto de la población, pero también a las necesidades de su propio país. Al perder de vista la totalidad, y por tanto la realidad, las decisiones tienden a volverse ineficaces, y los efectos negativos acaban apareciendo.

Así ha ocurrido tanto en términos interiores como exteriores. Las élites apostaron por una estructura económica que dependía de los precios de los activos y no de la economía real. Su dominio sobre la propiedad intelectual e industrial les permitía obtener rentabilidades continuas en las que la innovación no consistía en fabricar mejores productos o servicios, sino en idear fórmulas para que el capital se reprodujera más rápidamente. La economía productiva estaba ligada a la territorialización, a la inversión de capital frecuente, a la regularidad en los suministros, la estabilidad en los mercados y la paz social; la economía de las urbes globales se desenvolvía mucho mejor entre las oportunidades de un mundo veloz y agitado, y necesitaba de deuda y de rentas que solían cargarse sobre la espalda de las poblaciones nacionales. La consecuencia fue que el nivel de vida entre las capas con más recursos y la mayoría de los ciudadanos fue separándose sustancialmente, de modo que la recomposición de los intereses comunes en una misma esfera política resultaba prácticamente imposible. Las clases medias y las trabajadoras se quedaron sin poder económico y fueron perdiendo voz y peso en los gobiernos occidentales.

Las consecuencias de esa ruptura quedan formuladas por Canfora y Zagrebelsky de una forma expresa: «No es cierto que sean los impotentes los que desean el poder: son los poderosos. Los pobres, inicialmente, desean lo que sirve para vivir; los carentes de poder, inicialmente, desean estar protegidos de las prepotencias. Luego, superado el momento inicial, se pone en movimiento también en ellos esa letal fuerza apropiatoria que impulsa a quien tiene un poco de poder a tener cada vez más, y a quien tiene algo de riqueza a querer siempre más. Pensándolo bien, esta tendencia a la ilimitación es la que conlleva el abuso, la opresión y la conculcación de las reglas del vivir común. ¿Acaso no está aquí la raíz de todos nuestros problemas políticos?».[122]

En segundo lugar, esta economía fisurada generó también un deterioro apreciable en la hegemonía estadounidense: le ocurrió igual que a esas compañías cuyos directivos toman medidas cuyo objetivo es elevar el precio de las acciones, pero que acaban poniendo en riesgo la viabilidad de la empresa. Washington apostó por la potencia del capitalismo financiero, que favorecía que sus empresas y sus élites no hicieran sus fortunas con ganancias de producción, sino de capital: acciones que suben, dividendos, recompras de acciones, rentabilidades del *venture* o de los fondos de cobertura; todas ellas financiadas con deuda y tipos de interés bajos. Estados Unidos adoptó ese mismo camino para su Estado: el papel del dólar como moneda de reserva le permitía ofrecer garantías de seguridad a inversores de todo el mundo, y especialmente a los institucionales. No se preocupaba de lo que producía, sino de mantener las condiciones que le permitían atraer al capital global.

122. Canfora, Luciano, y Zagrebelsky, Gustavo, *La máscara democrática de la oligarquía: Un diálogo al cuidado de Geminello Preterossi*, Trotta, 2020 (edición de Kindle).

Esta solución, que fue útil durante un tiempo, suele causar problemas a medio plazo, y ese momento ha llegado para Estados Unidos. Su elevado déficit comercial muestra el enorme vaciamiento industrial del país. Las potencias financieras, por más que se acompañen de la coerción militar como recurso de última instancia, pierden paulatinamente poder respecto de los grandes países que tienen en lo productivo la base de su fortaleza. Este deslizamiento de la hegemonía desde unas a otros, que es lento pero incesante, es el que sufre hoy Estados Unidos respecto de China y es el que pretende revertir.

La remodelación

La apuesta de Washington por recuperar potencia está transformando las relaciones internacionales. La combinación de castigos financieros, aranceles al comercio y amenaza de retirar (o de utilizar) su escudo militar y de seguridad es su manera de ganar un mayor dominio sobre los mares, asentar su posición privilegiada en el campo energético y compensar el desarrollo chino en áreas, como aquellas que dependen de materiales críticos y tierras raras, en las que Pekín va con ventaja. La intención de ganar espacio para sus tecnológicas en mercados extranjeros, al igual que para sus empresas financieras, energéticas y armamentísticas, se acompaña de la intimidación arancelaria para que firmas productivas extranjeras se instalen dentro de Estados Unidos. Esos movimientos, no obstante, no implican un cambio en la configuración global, sino una remodelación de la misma en términos beneficiosos para las élites estadounidenses. La pérdida de legitimidad internacional de Estados Unidos, al entrar en esta dinámica de pura fuerza, aumentará de forma imprevisible. Como aseguraba el ministro de Defensa de Singapur, «Estados Unidos ahora, quiera o no, ha cambiado su imagen de libertador a gran perturbador y a terrateniente en busca de rentas».[123] Y eso siempre tiene un precio.

123. <https://www.mindef.gov.sg/news-and-events/latest-releases/15feb25_nr2>.

El programa de Washington también genera dudas en el ámbito interno. Las clases medias y trabajadoras estadounidenses, que vienen de una época de elevada inflación, necesitan algo más que un alivio de la misma. El desmantelamiento de estructuras estatales burocráticas, con esa revolución que Trump ha prometido para reducir gastos y liberar las energías de los emprendedores, es una oferta escasa si no se ve acompañada de una mejora generalizada en su nivel de vida. Un programa libertario en el interior y proteccionista en el exterior requiere de un éxito externo muy elevado que proporcione algún beneficio palpable para sus poblaciones, por ejemplo, en forma de generación masiva de empleos bien retribuidos. La clave para la permanencia de los republicanos en el gobierno durante un tiempo largo residirá en establecer esa aceptación que sólo le puede conceder el cumplimiento de sus promesas respecto de la elevación del bienestar de sus ciudadanos. Perder legitimidad en el exterior no será un problema si a cambio cohesiona su país; en caso contrario, será mucho más complicado luchar en los dos frentes. La administración Trump ha arrancado de manera arrolladora, pero a los estadounidenses siempre se les ha dado bien conquistar; estabilizar lo conquistado les ha resultado mucho más difícil.

El territorio y la cohesión social

La recomposición del orden internacional y la falta de cohesión interna explican los motivos por los que la política queda definida hoy mucho más por la variable territorial que por la ideológica. Estados Unidos ha olvidado su intención de promover la democracia liberal como sistema dominante en el mundo y China no está interesada en difundir su particular estructura estatal como modelo que imitar. Esta guerra fría es diferente de la anterior, donde ideología y geopolítica se daban la mano. Los Estados cobran de nuevo un papel principal, ya que cada uno de ellos está tratando de aprovechar sus bazas en el ámbito internacional, ya sea desarrollando capacidades propias o estableciendo nuevas alianzas. Ese posicionamiento exterior determina en gran medida la política interna. Europa se mueve con dificultad en ese escenario, en la medida en que carece de las fortalezas de un Estado.

En el nuevo contexto, la cohesión social redobla su importancia, ya que los Estados en los que existe un alineamiento entre el poder político, las élites y las poblaciones adquieren una ventaja significativa. China comprendió esto desde el inicio, Rusia ha dado pasos contundentes para que esa unidad se produzca, y los israelíes, los turcos o los indios, entre otros, están asentando un propósito común para sus países. Estados Unidos está lejos de lograr esa cohesión y las brechas en Europa se hacen más grandes.

Esta renovada importancia de la cohesión social no provoca, sin embargo, que el eje izquierda / derecha mantenga un papel protagonista. En una época de agitación internacional, que obliga a resituarse a muchos actores, el atractivo de la soberanía regresa con fuerza. La posibilidad de tener voz en la dirección que tome su territorio es una propuesta que suena bien en lugares deteriorados o que viven con una sensación de decadencia. En segunda instancia, y en la medida en que el nacionalismo se equipara con el regreso de opciones autoritarias, la defensa de la democracia y de las instituciones ha cobrado un nuevo papel en la escena política, lo que resta potencial al viejo eje material. Pero probablemente el elemento más relevante, y el que mejor explica su popularidad electoral, sea la propuesta del nacionalismo como un camino de salida frente a las dificultades económicas que sufren muchos ciudadanos: constituiría un límite a las ciudades globales, el lazo que podría traerlas de vuelta y atarlas a los territorios.

En esos comicios recientes en los que las regiones interiores votan con insistencia en contra de las grandes urbes, subyace una oferta política que responde al deseo de un proyecto unitario. Ésa es la posición que ha empujado a muchos estadounidenses a apostar por Trump, y por eso las derechas tienen ventaja en un mundo conservador, como es el occidental: prometen una solución integradora. Pero esto no es posible si no se rompe con el capitalismo liberal de la globalización, y eso requiere un populismo más conservador (el que representa para el Partido Republicano una organización como American Compass y su vertiente obrerista), un populismo de izquierdas o una izquierda materialista, la de la lucha de clases. Las temerosas sociedades contemporáneas no parecen preparadas para estas opciones.

La doble estafa de la guerra cultural

El eje nacional / global en las elecciones favorece las opciones que apuestan por la soberanía, y éstas suelen ser de derechas, lo que explicaría los motivos por los que estas fuerzas se han convertido en la contestación al sistema en esta época. Las elecciones estadounidenses se ganaron gracias a las distintas promesas respecto de la recuperación de la potencia del país que formuló Trump, pero todas ellas terminaban refiriéndose al orden interno. Las propuestas sobre política internacional quedaban justificadas por la necesidad de fortalecer a Estados Unidos y a sus ciudadanos: una serie de países estaban aprovechándose de la población estadounidense y beneficiándose de su apertura al comercio o de la disposición estadounidense a ayudar en el extranjero, como ocurría en Ucrania. Era preciso recuperar las riendas y evitar esa sangría económica innecesaria; de ese modo, el nivel de vida de la población estadounidense, sus empleos y sus opciones vitales serían mucho mejores. Todo ello se acompañó de una visión culturalmente conservadora como reacción a los excesos progresistas, que promovía una versión tradicional de la familia y una visión de la comunidad que se cerrase frente a una inmigración que entendían excesiva.

El giro hacia lo nacional tiene un componente ligado tanto a la necesidad de cohesión social como de valores comunes, y ninguna de las dos opciones políticas, conservadores y progresistas, puede abordar ambas cosas sin caer en incongruencias. El énfasis en la soberanía sitúa a ambas opciones políticas ante sus contradicciones. Las derechas pueden abogar por una sociedad con familias que críen hijos en entornos seguros, que gocen de instituciones comunitarias fuertes, que preserven valores tradicionales, que fortalezcan el tejido social y que prioricen las empresas nacionales. Pero ese programa es justo el que el capitalismo libertario hace imposible, porque se basa en una sociedad atomizada, con individuos aislados que buscan su beneficio. Silicon Valley cree en la autodeterminación radical, con el transhumanismo en el horizonte, que es justo lo contrario de los valores religiosos. Wall Street cree en los dividendos, no en la patria. Los partidos de derechas defienden ambas cosas a la vez, lo que no es posible.

La izquierda opta por un programa cultural ligado a la defensa de la democracia, a la diversidad cultural, étnica, de género y de orientación sexual, a la energía verde y a la modernidad digital, que se ha convertido en un catálogo de derechos verbales: sólo cumple con aquello que no tiene coste o que exige un gasto limitado. Los gobiernos progresistas han utilizado las ayudas de manera asistencial, de modo que los recursos iban a parar únicamente a los colectivos más necesitados, o a los que estaban en situación de emergencia, lo que ha promovido el resentimiento y el malestar en distintas capas de la población que también precisaban un refuerzo y nunca lo obtenían.

Ésta es una consecuencia de la estafa contemporánea que han sido las luchas culturales, en las que cada opción ha defendido un programa que sabía que no iba a cumplir. En realidad, ambos estaban derivando hacia la lucha de valores aquello que no iban a conceder en lo material. Conservadores y progresistas eligieron su propia versión del pueblo para que les ayudase en sus procesos electorales. El conservador identificó partes de la población que estaban saturadas de lo *woke*, que veían la inmigración como un problema y que se sentían culturalmente amenazadas. Los republicanos estadounidenses prometieron terminar con las políticas de diversidad, equidad e inclusión, aseguraron que acabarían con la inmigración ilegal y reclamaron libertad de expresión para defender sus valores, esa que los medios de comunicación tradicionales les negaban. Del mismo modo, los progresistas dieron voz continuamente a las ansiedades de esos segmentos sociales que formaban sus bases: los jóvenes que se veían excluidos de la prosperidad, mujeres limitadas en sus derechos por una sociedad todavía machista, inmigrantes a los que se les dificultaba la inclusión y unas capas urbanas que querían una vida más abierta y moderna. Pero ni conservadores ni progresistas han plantado cara a todo aquello que hace estructuralmente imposible el cumplimiento de sus programas culturales.

Ya en el siglo XX, la derecha estadounidense entendió que el conservadurismo no era funcional para el capitalismo. Tras el *New Deal*, anclado sociológicamente en los valores de comunidad, nación y familia, y especialmente a partir de los años setenta, la separación entre liberalismo y conservadurismo se hizo mucho más apreciable. Reagan adoptó los símbolos religiosos, como Bush Jr., pero ninguno de los dos promovió un programa económico que acercase la vida cotidiana a los ideales tradicionales de comunidad, instituciones locales y familias sólidas. Por el contrario: la época de Reagan fue la de «la avaricia es buena» y el enriquecimiento como propósito vital. La de Bush incorporó a China al orden internacional, y proporcionó la mano de obra abundante, barata y en condiciones laborales ínfimas que sustituyó a los trabajadores occidentales.

A los progresistas les sucedió algo similar, porque abandonaron la esencia económica de sus programas y se convirtieron en los grandes promotores de los gobiernos tecnocráticos cuyas creencias desestructuraban los territorios y generaban la pérdida de nivel de vida para la mayoría de los ciudadanos. Además, ninguna de las necesidades de los colectivos que decían defender podía atenderse con la economía que impulsaban: la reducción de los trabajos bien pagados afectó especialmente a los jóvenes, como lo hizo el encarecimiento de vida en las grandes ciudades, focos prototípicos del rentismo. Las mujeres víctimas de violencia machista no podían ser adecuadamente protegidas por la falta de recursos, lo que imposibilitaba la atención precisa; la prestación de servicios sanitarios y de educación por parte de los Estados, que era una de sus principales luchas, se veía sustancialmente limitada por los menguantes presupuestos que una economía financiarizada provocaba; la transición verde precisaba de inversiones que no podían realizar. Los progresistas europeos, como los demócratas estadounidenses, necesitaban una economía muy diferente, con un papel estatal mucho mayor para cumplir con sus promesas, pero se resistieron sistemáticamente a proponerlo.

Finalmente, se constituyeron dos opciones electorales, la promovida por Elon Musk y la apoyada por BlackRock. Existiendo diferencias entre una y otra, ninguna de ellas suponía una buena idea para el ciudadano común. En compensación, le ofrecieron encarnizadas luchas culturales. Explicaron su mundo mediante las tensiones entre jóvenes y *boomers*, masculinidades frágiles y feminidades empoderadas, mentalidades arcaicas y visiones de progreso.

Los programas culturales pueden ayudar a ganar el poder, pero no a mantenerlo. Trump salió después de su primera legislatura, y los conservadores británicos fueron aplastados después de su gobierno del pos-Brexit. Biden canalizó el descontento con Trump, pero no lo asentó. El triunfo republicano, que parece hoy contundente, no asegura una época de dominio a lo Reagan, ya que la inestabilidad vital continúa siendo elevada. La política contemporánea se rige por el descontento respecto de quienes gobiernan, por lo que las elecciones suelen traer cambios en el poder ejecutivo, y así será mientras el problema social no se solvente.

Los trabajadores y los parásitos

Hay una mayoría sociológica en Occidente que demanda condiciones de vida dignas, que aspira a que existan empleos que les brinden estabilidad y salarios que les permitan una subsistencia relativamente holgada. En un momento incierto, es natural que deseen certidumbres; el futuro aparece oscuro, por lo que es lógico que busquen algo de esperanza. Ésos son los términos en que se plantea hoy la cuestión social en Occidente. No se demandan grandes avances que transformen radicalmente los Estados, sino medidas que asienten las sociedades.

Los liberales, tanto los de izquierda como los de derecha, abordan la cohesión social centrándose mucho más en los efectos que en las causas. Las viejas aristocracias veían con preocupación el crecimiento de la delincuencia, el alcoholismo, la falta de higiene, la educación deficiente, la mortalidad infantil y el aumento de la prostitución entre las clases con menos recursos; las élites tecnocráticas subsumen todo eso en las muertes por desesperación, las malas condiciones de vivienda, la escasa formación o las situaciones de pobreza energética, por lo que proponen, sin demasiado acierto, soluciones a problemas concretos. Niegan que exista un factor desestructurador de fondo, de modo que ponen el acento en manifestaciones negativas acotadas.

Las derechas populistas y extremas actúan de otra manera, porque la baza de la cohesión social es parte importante de sus programas. La inmigración es señalada como factor perturbador de la vida cotidiana, pero también como detonante del deterioro en el nivel de vida, del mismo modo que las políticas climáticas son acusadas de empobrecer el campo y arruinar la economía. Frente a unos progresistas que insisten en la defensa de la democracia, en los derechos de inclusión, en los elementos de corrección del mercado, las derechas formulan una apuesta material muy decidida, la que enfrenta a productores y a parásitos. Su lectura no parte de la tensión entre capital y trabajo, sino del extractivismo al que están sometidas las personas que producen. Son empresarios, autónomos y asalariados que generan la riqueza nacional a través de su esfuerzo, de sus impuestos y de sus inversiones, y que se ven sistemáticamente perjudicados por políticos y tecnócratas que les detraen recursos para repartirlos entre asesores, chiringuitos, asociaciones *woke* y ayudas a los inmigrantes. La solución para una mejora en el nivel de vida aparece diáfana: toma la forma de una purificación que debe restaurar un Estado limpio y una comunidad sana mediante la expulsión de los cuerpos parasitarios que anidan en ella.[124]

Los parásitos son los políticos, los asesores, las redes clientelares y los corruptos, así como los beneficiarios del estado del bienestar que proceden de otro país. Si se utilizase la motosierra

124. Feher, Michel, *Producteurs et parasites*, La Découverte, p. 12 (edición francesa en Kindle).

y se expulsara a los extranjeros, las economías privadas florecerían. El obstáculo para conseguir ese objetivo proviene siempre del mismo entorno: las ideologías socialistas que pretenden que el Estado gaste más todavía en lugar de recortar lo innecesario, que apoyan la inmigración masiva y que abogan por la energía verde. Cada país aporta sus especificidades al programa común: en España se le suman los separatismos, que extraen recursos de las arcas del Estado argumentando privilegios; la Francia que madruga pone el foco en la inmigración, pero también en Bruselas; en Países Bajos se le añade el sur europeo vividor; en Estados Unidos, la Europa gorrona.

La purificación por la que se aboga es una expresión más de la constante reducción de problemas estructurales a actitudes personales. Es el mundo del capitalismo protestante, lleno de pecadores a los que se debe doblegar para que reine la virtud. Esta apuesta por una sociedad limpia de perturbaciones internas para que la comunidad sana emerja es una posición cada vez más aceptada por el conjunto de las derechas (y no sólo por las extremas), que la entienden como la solución definitiva para que Occidente recobre su vigor.

Tecnológicos contra tecnócratas

Este propósito de limpiar de parásitos el sistema contiene ribetes muy llamativos, sin los cuales no puede entenderse la pelea entre las élites, ni tampoco su crudeza. El orden global se había articulado gracias a los vínculos estrechos entre una clase poseedora de los activos y una clase alta, que se movía con soltura en el circuito de las ciudades, y cuya principal actividad era dar soporte a la primera. Estaba formada por los expertos en finanzas, los especialistas en política exterior, consultores, abogados, los economistas, funcionarios de instituciones internacionales y directivos de las grandes firmas. El cambio en la política de los últimos años consiste en la separación entre ambas.

Esta distancia entre las élites que dependen de las ganancias de capital y las que dependen principalmente de su trabajo profesional estaba afianzándose durante los últimos años.[125] El coste que soportaban las clases medias altas de la segunda categoría para reproducir su posición social se hizo mayor; cada vez debían gastar más en mantener su nivel de vida (vivienda, educación y sanidad privadas, bienes distintivos), mientras que los recursos que conseguían eran más o menos los mismos. Después de las clases trabajadoras y de las medias, les había llegado a ellas el turno de sentir los efectos de la economía fisurada. Dado que poseían recursos familiares, les era fácil conservar su posición, pero pagando el precio de que su colchón menguase para generaciones futuras. Esa tendencia económica según la cual la retribución del trabajo ya no aseguraba una existencia holgada, que sólo quedaba garantizada por las rentas,[126] se dejó sentir entre las clases gestoras profesionales.

Pero estaba sucediendo algo más que alteraba el estatus del mundo experto. La tecnología había aportado la posibilidad de eliminar intermediarios, pero no de forma que beneficiase en lo económico al cliente o al usuario final, sino para canalizar más recursos hacia la parte superior de la compañía. Lo mismo que ocurría en el interior de las compañías sucedía en distintos sectores, que se vieron perturbados por la aparición de un mediador dominante: los medios de comunicación han sido subvertidos por las redes sociales, los comercios y las cadenas por las plataformas, el alojamiento por Airbnb, el transporte por Uber. Esa doble visión, la de abaratar el trabajo experto y el de sustituirlo progresivamente por las soluciones tecnológicas, está dando un paso adelante. La revolución que pretende realizar Elon Musk de la administración estadounidense, que es un modelo para muchas opciones políticas, es parte de esa limpieza generalizada de parásitos: demasiados técnicos ineficientes que están viviendo del dinero estatal.

La visión de Musk y de los magnates tecnológicos no se detiene

125. «The real class war.» <https://americanaffairsjournal.org/2019/11/the-real-class-war/>.

126. Hernández, Esteban, *El rencor de la clase media alta y el fin de una era*, Akal, 2022.

en el Estado. Es tanto una impugnación de la mentalidad con que ha funcionado el *establishment* como un intento revolucionario de transformar las estructuras. Los consultores, ese mundo McKinsey que tanto desprecian, las grandes empresas de contabilidad, los expertos en política exterior, las firmas jurídicas, están ganando demasiado dinero por realizar una tarea escasa o ineficiente; se aprovechan de su posición de intermediarios cualificados para obtener una rentabilidad excesiva. Es hora de reducir su influencia y sus ingresos, e incluso de deshacerse de ellos, ya que no dejan de ser una suerte de parásitos que viven de aquellos que realmente tienen las grandes ideas y saben llevarlas a cabo. El entorno tecnológico aspira a remodelar todos los sectores, desde la seguridad y la defensa hasta la banca, desde la gestión pública hasta la inversión, y en esa tarea el conocimiento recogido en sus sistemas algorítmicos es un instrumento para arrinconar a las clases gestoras tradicionales.

Las firmas tecnológicas, en especial las participadas por el *venture capital*, tienen una visión jerárquica de la organización, donde las figuras relevantes de la misma, las que aportan las ideas y la estrategia, deben encontrar pocos obstáculos internos. Son los visionarios que tratan de llevar adelante sus grandes planes, y en ese mundo todo este entorno experto es percibido como parte del pasado, como algo obsoleto e ineficaz. La solución que aportan a la gestión de lo público, pero también al funcionamiento del entorno del mundo empresarial, pasa por esa reorganización. Ésa es la perspectiva que explica la elección de Trump respecto de los cargos de su gabinete.

Sin embargo, esta capacidad de desintermediar en beneficio de la cúpula de las firmas y de sus accionistas prosigue esa acción de desestructuración social que era consecuencia del orden de las ciudades. El trabajo real, la economía de los productores, se vio deteriorado por el dominio de los expertos, y ahora son éstos los que se ven amenazados: los tecnológicos quieren desalojar a los tecnócratas.

Esto supone un golpe sustancial a las clases gestoras, en la medida en que reduce su estatus y sus ingresos, pero también las señala como un problema. El añadido político es que buena parte de esas clases apoyaban a los demócratas, y el geográfico es que las élites europeas pertenecen, en gran medida, a esas capas gestoras. La tensión entre élites que el sistema está viviendo se ha sustanciado como una reacción contra quienes extraen recursos del ciudadano común, caso del Estado mediante los impuestos y la regulación, y contra quienes los obtienen de las empresas, como estos estratos expertos. Trump fue hostil con ambos en la campaña electoral, lo que le granjeó numerosas simpatías.

La causa de la decadencia occidental

La cohesión social, como las cuestiones culturales, como tantas otras cosas, es parte instrumental de la tensión entre élites que está en el fondo de las perturbaciones mundiales. Es habitual que las diferencias internas hagan acto de presencia en los Estados hegemónicos, por lo que ese hecho no es, por sí mismo, un signo de debilidad. Que existan grupos dirigentes con intereses dispares es común a todos los regímenes. Sin embargo, lo que marca el inicio de la decadencia es la incapacidad para ir más allá: cuando el proyecto consiste únicamente en vencer al rival y doblegar las resistencias, el foco se pierde y lo instrumental se convierte en lo esencial.

En el caso estadounidense, entronca con su mentalidad. El capitalismo protestante, en cuanto lucha entre el bien y el mal, siempre ha prestado especial atención al enemigo interior: las disfunciones del sistema estaban causadas por actores de escasa moralidad que venían a perturbar un orden natural y justo; en la medida en que se lograban dominar esas pulsiones, todo quedaría estabilizado. Era un régimen que carecía de exterioridad, por lo que la pelea se libraba dentro, en última instancia. El combate actual entre élites conservadoras y liberales se lleva a cabo desde esta perspectiva. Para unas, el problema de Estados Unidos son los dirigentes progresistas que han deteriorado los valores nacionales y han entregado el país a los extranjeros, ya sean los chinos, los aliados que no aportan su parte o los inmigrantes; para las otras, son unas derechas autoritarias que desean acabar con la democracia tal y como la hemos conocido y que tratan de eliminar las libertades de las que se ha gozado. Por un camino o por otro, la solución es la misma: desactivar el proyecto de las élites rivales.

Esa confusión entre medios y fines termina siendo altamente perturbadora, porque se pierde de vista la realidad, y con ella, las acciones que ayudarían a resolver los problemas objetivos. Todo se resuelve en una política del chivo expiatorio que canaliza las energías disponibles. El objetivo no es fortalecer al país o dar respuesta a las necesidades de sus ciudadanos, sino acabar con el enemigo interno. Esto es lo que provoca la decadencia.

Esta renovada pelea entre élites devuelve a las constantes de los movimientos reaccionarios, cuyo programa se despliega en cuatro fases:[127] las élites perciben que están perdiendo poder (y es evidente en este caso con el ascenso chino) y quieren retenerlo; entienden que el reparto de poder no es modificable, que las clases subordinadas deben resignarse a serlo y que los países emergentes deben aceptar un lugar secundario; se hace presente la idea de que, para conseguir ese propósito, ya no pueden atarse a proposiciones ideológicas concretas ni a las reglas establecidas, sino que éstas deben mutar para crear un terreno de juego que les sea favorable; y que la condición de ese escenario es terminar con esa parte de las élites que no entiende, por debilidad, cuáles son las nuevas reglas. Éste es el momento estadounidense, y con él, el occidental.

Coriolano o la importancia de la cohesión social

La cohesión social remite siempre a la cuestión del poder: quiénes lo ejercen, cómo lo usan y en qué medida lo comparten. Las distintas ideologías han tratado de dar respuesta a este asunto desde perspectivas dispares: el comunismo entendía que la desaparición de las clases sociales, al eliminar el conflicto originario entre capital y trabajo, traería un equilibrio nuevo; las ideologías

127. Hernández, Esteban, *El tiempo pervertido*, Akal, 2018.

nacionalistas abogaban por supeditar las distintas clases de poder a las necesidades del territorio, lo que construiría una comunidad cuyas diferencias quedarían sofocadas por un propósito mayor; Aristóteles creía en la necesidad de una clase media fuerte como punto de solución de los choques, siempre existentes, entre ricos y pobres; la república romana creó a los tribunos para limitar la acción de la aristocracia. Ha habido distintas formas de abordar la cuestión social, a menudo con una eficacia muy limitada.

La falta de solución definitiva no borra la validez de la cuestión, muy pertinente en nuestra época. El problema de Estados Unidos, y con él, de Occidente, es que el equilibrio se rompió, las élites se escaparon y gobernaron por su cuenta, alejadas de sus ciudadanos y de sus Estados. La fantasía de la globalización generó capacidades productivas muy menguadas, lo que proporcionó grandes ventajas a aquellos países que se basaron en lo sólido, en la planificación, en la acción a medio plazo y en la construcción de estructuras fuertes. Esos países están ahí ahora, el primero de ellos China, y reclaman su posición en la arquitectura del poder mundial. Al mismo tiempo, la huida de las élites perjudicó la capacidad creativa de los países occidentales, que dedicaron su talento a inventar fórmulas de rentabilidad en lugar de a mejorar procesos o generar avances en lo que producían, lo que incrementó su debilidad. La nueva burocracia a la que abocó la sustitución de las estructuras estatales por la contratación privada incrementó el gasto y la ineficiencia. El malestar de la población aumentó y las sociedades están cada vez más divididas. Todo lo que aportaba un entorno estable, predecible y seguro fue desapareciendo.

Esa separación ha encontrado una nueva vuelta de tuerca, mediante la que las élites intentan asegurar su posición. El giro estadounidense apuesta por la afirmación a partir de la fuerza: no van a perder poder, sino a ganarlo. El neoimperialismo, retratado por Alex Karp, director ejecutivo de Palantir y otro de los ideólogos de nuestro tiempo, se basa en que «Estados Unidos es una fuerza que hace el bien... y contiene una aspiración noble, grandiosa y maravillosa, un sueño del que tenemos la bendición de formar parte», lo que le otorga una superioridad ética sobre adversarios que carecen de «nuestros escrúpulos morales. No podemos situarnos en igualdad de condiciones, porque se aprovecharán de nuestra amabilidad y bondad». Occidente es un orden asediado por rivales que pretenden acabar con las libertades y los valores cultivados durante siglos, por lo que la defensa debe estar a la altura de las amenazas: las sociedades necesitan de una clase guerrera que esté dispuesta a utilizar la violencia para conseguir objetivos loables. Fortalecer la seguridad nacional y restaurar la legitimidad implica conseguir que los enemigos de Estados Unidos «se despierten asustados y se vayan a dormir asustados».[128]

Era inevitable que los halcones de seguridad regresaran tras una época larga de gobierno de los tecnócratas del comercio, y que las posiciones de poder tomaran el centro de la escena, máxime cuando la aceptación de la que podía gozar el orden global se ha perdido. Cuando la legitimidad desaparece, el temor ocupa su lugar, como bien advertía Guglielmo Ferrero.[129]

Sin embargo, la guerra fría precedente se ganó de forma muy distinta. Y lo hizo fundamentalmente porque la potencia hegemónica había sido capaz de solucionar el problema de la cohesión social antes de entrar en la Segunda Guerra Mundial. Roosevelt consiguió supeditar los distintos poderes del Estado a un proyecto común: domesticó a las élites que querían escaparse y las devolvió a la realidad de su territorio. Ésa fue la perspectiva que ayudó a construir el orden occidental tras 1945 y la que permitió una integración cohesiva de Europa occidental dentro del bloque liderado por Estados Unidos.

Hoy se apuesta por la intimidación, por la fuerza y por el control a través de los medios coercitivos, ya sean securitarios, financieros o tecnológicos. Es una visión que puede tener éxito, pero que resulta peligrosa. Es como hundir en el agua una pelota de goma: cuanto más profundamente se sumerja, más arriba emer-

128. «Alex Karp Has Money and Power. So What Does He Want?» <https://www.nytimes.com/2024/08/17/style/alex-karp-palantir.html>.

129. Ferrero, Guglielmo, *Poder. Los genios invisibles de la ciudad*, Tecnos, 2022.

gerá cuando se deje de hacer presión. La posición de Estados Unidos refuerza los temores de sus rivales y tiende a unirlos. La «alianza de los agraviados» que mencionaba Zbigniew Brzeziński está en marcha. Países que carecían de conexiones fuertes, o que incluso eran rivales, se acercan para frenar al enemigo común. Antiguos aliados de Estados Unidos tienden a jugar un doble o triple juego para posicionarse mejor. Rusia se alinea con China y ambos trazan nuevas alianzas en Oriente Medio, África y América Latina; las tentativas de desdolarización continúan su curso; India, Turquía, Arabia Saudí, Vietnam e Indonesia se acercan a Estados Unidos o a China en función de su conveniencia; los BRICS ganan legitimidad en la escena internacional frente a Occidente; y los países de la Unión Europea, si se ven presionados en exceso, pueden comenzar a mirar a China con mucha mayor simpatía. Esa exterioridad que no parece existir en la mentalidad del capitalismo protestante emerge con fuerza.

Son los riesgos que conlleva dominar mediante la espada. Este problema estadounidense, que se extiende a Occidente, ya lo había señalado Shakespeare en *Coriolano*. Cuando la cohesión social se rompe y un segmento de la sociedad pretende todo el poder para él, se destruyen las bases de la vida en común, pero también la fortaleza de la nación. Ocurre igual en el ámbito internacional: los países hegemónicos se asientan cuando son capaces de construir alianzas beneficiosas; es su capacidad de atracción, mucho más que el sojuzgamiento, lo que asienta la legitimidad. Sin ella, sólo queda el miedo, cuyo recorrido es limitado.

Ambos lados del espectro político, ya sean las derechas conservadoras del bien común o las izquierdas materiales, que son ahora minoría, tendrán que estar preparados para encontrar un camino en los tiempos que vienen. Occidente sufrirá significativas perturbaciones internas con este giro aceleracionista, que sólo podrán encontrar solución cuando se deje atrás un modo de gestión de la sociedad y de la economía que tiende a separarnos en lugar de acercarnos. Será muy complicado cambiar el paso y exigirá grandes esfuerzos, así como una transformación significativa en la mentalidad y en los programas políticos, pero será la única manera de que perduren la democracia, el Estado y la misma Europa.